U1075799

国家级新区发展报告 2020

国家发展和改革委员会　编

中国计划出版社

图书在版编目（CIP）数据

国家级新区发展报告. 2020 / 国家发展和改革委员会编. -- 北京 : 中国计划出版社, 2020.12
ISBN 978-7-5182-0969-9

Ⅰ. ①国… Ⅱ. ①国… Ⅲ. ①经济开发区－区域经济发展－研究报告－中国－2020 Ⅳ. ①F127.9

中国版本图书馆CIP数据核字(2020)第252845号

国家级新区发展报告 2020
GUOJIAJI XINQU FAZHAN BAOGAO 2020
国家发展和改革委员会 编

责任编辑／朱 冰
封面设计／韩可斌
责任校对／杨奇志
责任印制／李 晨

中国计划出版社出版
网址：www.jhpress.com
地址：北京市西城区木樨地北里甲 11 号国宏大厦 C 座 3 层
邮政编码：100038 电话：（010） 63906433 （发行部）
新华书店经销
北京汇瑞嘉合文化发展有限公司印刷

787mm × 1092mm 1/16 16.25 印张 282 千字
2020 年 12 月第 1 版 2020 年 12 月第 1 次印刷

ISBN 978-7-5182-0969-9
审图号：GS （2019） 3747 号
定价：92.00 元

版权所有 侵权必究
侵权举报电话：（010）63906404
如有印装质量问题，请寄本社出版部调换

序　言

国家级新区（以下简称新区）是由国务院批准设立，以相关行政区、特殊功能区为基础，承担国家重大发展和改革开放战略任务的综合功能区。自20世纪90年代初上海浦东新区设立以来，经过30年的建设发展，新区数量逐步增加、规模不断扩大，创造了新区速度，激发了新区活力，塑造了新区形象。2017年4月，中共中央、国务院印发通知，决定设立河北雄安新区。这是以习近平同志为核心的党中央作出的一项重大的历史性战略选择，是千年大计，国家大事。至此，国家级新区数量达到19个，其中，东部地区8个，中部地区2个，西部地区6个，东北地区3个。

2019年是新中国成立70周年，是决胜全面建成小康社会第一个百年奋斗目标的关键之年。一年来，各新区坚持以习近平新时代中国特色社会主义思想为指导，全面贯彻党的十九大和十九届二中、三中、四中全会精神，增强“四个意识”、坚定“四个自信”、做到“两个维护”，按照党中央、国务院的决策部署，坚持稳中求进工作总基调，坚持新发展理念，坚持推进高质量发展，坚持以供给侧结构性改革为主线，坚持深化市场化改革、扩大高水平开放，积极承接产业转移，提升关键领域科技创新能力，加快推动实体经济高质量发展，进一步稳就业、稳金融、稳外贸、稳外资、稳投资、稳预期，示范引领作用进一步显现。2019年，18个新区（河北雄安新区暂不纳入数据统计）实现地区生产总值约4.6万亿元，约占全国经济总量的4.6%，探索形成了一批值得复制推广的体制机制创新做法，发挥了重要的示范带动作用。

2020年，各新区将以习近平新时代中国特色社会主义思想为指导，全面贯彻党的十九大和十九届二中、三中、四中全会精神，统筹推进“五位一体”总体布局，协调推进“四个全面”战略布局，深入学习贯彻习近平总书记关于统筹推进新冠肺炎疫情防控和经济社会发展工作的重要指示精神，扎实落实国务院办公厅印发的《关于支持国家级新区深化改革创新加快推动高质量发展的指导意见》，突出抓好重点任务，着力深化改革创新，力争通过各方面的共同努力，推动国家级新区成为稳增长、防风险、促发展的前沿阵地。

本报告由国家发展改革委地区经济司会同各新区管委会、中国国际工程咨询有限公司等撰写。在报告编写过程中，得到了中国测绘科学研究院、有关省（自治区、直辖市）发展改革委及陕西西咸新区有关方面的大力支持，在此一并表示感谢。

编 者

2020年8月

目　录

1 新区概览篇　发展成绩与展望

勇担使命　更加作为　努力建设推动高质量发展引领区
——国家级新区2019年以来建设发展总体情况

2 新区巡礼篇 创新发展成效

国家级新区发展成效和2020年工作展望

3 特色亮点篇 典型经验交流

国家级新区建设发展典型案例和主要做法

4 大事辑要篇 重大事件回顾

2019年国家级新区建设发展大事记

5 附　　录

1

新区概览篇
发展成绩与展望

勇担使命　更加作为
努力建设推动高质量发展引领区

——国家级新区2019年以来建设发展总体情况

2019年是新中国成立70周年，是决胜全面建成小康社会第一个百年奋斗目标的关键之年。一年来，新区坚持以习近平新时代中国特色社会主义思想为指导，全面贯彻党的十九大和十九届二中、三中、四中全会精神，增强“四个意识”、坚定“四个自信”、做到“两个维护”，按照党中央和国务院的决策部署，坚持稳中求进工作总基调，坚持新发展理念，坚持推进高质量发展，坚持以供给侧结构性改革为主线，坚持深化市场化改革、扩大高水平开放，积极承接产业转移，提升关键领域科技创新能力，加快推动实体经济高质量发展，进一步稳就业、稳金融、稳外贸、稳投资、稳预期，示范、引领、带动作用进一步显现。

一、迎难而上，国家级新区努力在统筹新冠肺炎疫情防控和经济社会发展工作中发挥引领示范作用

面对突如其来的新冠肺炎疫情及其对经济社会发展产生的重大影响，新区认真落实党中央和国务院关于统筹推进新冠肺炎疫情防控和经济社会发展工作的要求，担当作为，一手抓疫情防控，一手抓经济社会发展，圆满完成阶段性疫情防控任务，有序推进复工复产，做到疫情防控和经济社会发展工作两不误，发挥了重要示范带动作用。2020年第二季度，各新区复工复产有序推进，重大项目加快建设，专项政策陆续出台，惠企助企有力有效，经济运行呈现稳步回升态势。

（一）全力以赴应对新冠肺炎疫情

新冠肺炎疫情发生后，各新区将思想和行动快速统一到中央的决策部署上，把疫情防控工作作为最重要的任务，按照坚定信心、同舟共济、科学防控、精准施策

的要求，尽快找差距、补短板，切实做好各项防控工作，同时间赛跑、与病魔较量，坚决遏制疫情蔓延势头，坚决打赢疫情防控阻击战。

一是建立群防群控、联防联控、严防严控的工作闭环。统筹调度全区各条战线力量，实现防控全覆盖、无遗漏。抓住“入城口、落脚点、流动中、就业岗、学校门、监测哨”等关键点，建立常态化防控体系。上海浦东新区组建“医护人员、集中隔离点、社区居家隔离、机场海关核酸检测、境外人员集中核酸检测”5支专业队伍，建立“5+X”包干责任制。二是统筹医疗力量做好救治工作。坚持“四早”原则，及时开展疫情调查，落实诊疗方案，完善发热门诊预检分诊制度，组织病例转运，提升收治能力，按照防控要求有序组织核酸检测。广州南沙新区开展互联网医院线上咨询服务，230名区属各医疗机构执业医师“云上坐镇”，向全区群众免费提供服务。三是筑牢基层社区防控网络。各街镇、村居层层包干、日夜值守，夯实属地责任，实施“挂图作战”，严格人员排摸，坚决守住门、管住人。严格落实居家隔离健康管理，做好隔离观察人员生活服务保障。四是优先保障防疫物资生产。帮助企业协调前置手续、供电、原辅料、配套包装等事项。天津滨海新区推动泰达洁净、赛远科技、正天医疗、儿童药业、盛和爱众、津美制衣6家企业建立口罩等防疫物资生产线，实现新区口罩生产零突破，累计生产口罩737万余只，生产防护服45 669套。五是加强防疫宣传。一些新区采取传单、大喇叭、LED屏和广播电视、微博微信等线下线上多种渠道，通过致居民（网民）书、疫情防控法律提示书及群众自编小快板、企业复工防控歌、抖音小视频等方式宣传防疫知识、防疫要点和防控要求。

（二）出台助企惠企专项支持政策

新区坚持抓牢抓实疫情防控和稳经济促发展“双线作战”，始终牢记经济发展“主战场”责任使命，纷纷出台惠企政策组合拳，为企业运行保驾护航。各项惠企政策支持企业在疫情防控期的正常运行和发展，围绕企业急需的优服务、降成本、保资金等方面做好“加减法”。

一是出台税费减免政策。制定社保、医保、水电费、房租等阶段性减免政策，切实减轻企业负担。浙江舟山群岛新区实施社保阶段性降费、医保五个月减半征收政策，并允许缓缴6个月的社会保险费。用气、用水价格优惠政策覆盖到个体工商户，给用气企业下调10%气价。实行欠费不断供政策。云南滇中新区减免租金帮助企业复工复产，所属公司为163户经营户减免租金1个月，减免租金总计300多万元。二是建立疫情期间金融容缺办理机制。各新区主动对接银行等金融机构，为企业提供各类金融授信、贷款担保等融资支持。兰州新区主动对接金融机构争取基金、债券、国债，协调国家开发银行、进出口银行等授信企业低息贷款5.33亿元、投放4.3亿元，为企业办理续贷或展期10.45亿元。三是雪中送炭帮扶小微企业，力解燃眉之急。结合新区实际采取降费、免租、保融资、稳就业等措施，重点扶持有困难的中小微企业和医疗物资生产企业，新区能办的尽力办，超过能力范围的积极协调申请，提出了不少务实管用的政策措施。长春新区出台了《长春新区应对疫情助企十五条》，针对长春迈达公司将无菌厂房改用防护服生产加工遇到的资金问题，为其提前兑现政策资金480万元，一期兑现200万元。青岛西海岸新区出台了《关于积极应对疫情促进经济发展的若干措施》，“一企一策”帮助企业协调解决职工返岗特别是专业技术人员返岗，协助保障口罩、消毒用品等防疫物资供应。

（三）精准帮扶助力企业复工复产

市场主体是我国经济活动的主要参与者、就业机会的主要提供者、技术进步的主要推动者，在国家发展中发挥着十分重要的作用。新冠肺炎疫情发生以来，新区坚持打好主动战、下好先手棋，加快企业分级分类复工复产，有力有效推进企业稳产达产，拓展疫情防控积极向好态势，精准有序扎实推动复工复产，逐步恢复经济社会发展秩序和活力。重点推动“四上企业”复工复产，有序推动各类企业复工复产，逐步推动相关产业链配套企业复工复产。突出龙头带动、链条联动，实现企业复工一家、带动一片。突出精准施策、精细服务，推动企业安全生产、轻装上阵。突出政策暖企、政策惠企，帮助企业纾困解难、共渡难关。突出云上对接、云上招商，推动项目签约一批、落地一批。

重庆两江新区开展“携手抗击疫情、助力复工复产”专项行动，建立“领导干部挂点、企业服务员驻企”服务制度，区委领导挂点包龙头企业、部门领导包行业重点企业、园区领导包区域重点企业，组建365名企业服务员队伍，对重点企业“一企一员”驻厂服务，全力做好供应链服务、用工服务、政策需求服务、防疫物资服务“四服务”和安全保障、生产保障、用工保障、要素保障“四保障”工作。累计帮助企业解决实际问题577个，帮助协调海内外防疫物资采购渠道73个，协调捐赠渠道19个，发现并督促整改安全问题424个，为企业紧急送工3 500余人。四川天府新区制定实施分类分批返岗复工和企业运行保障方案，建立重点企业派驻联络员制度，指导制定疫情防控规范，为企业提供定制物资、定制医疗、定制酒店、定制运输、定制公交、定制体检、定制平台服务，帮助1 500余家企业采购口罩等防疫物资，梳理发布企业产品（服务）供给清单，切实帮助企业解决好复工复产面临的关键问题。湖南湘江新区采取一个企业（项目）由一名领导牵头，一个部门归口，一名特派员联络专办，一名医护人员防疫指导的模式，及时协调解决复工复产中的困难和问题。支持对重点项目的重点对象进行核酸检测，多方筹措防疫紧缺物资支持企业复工复产。疫情期间，针对大陆、舍弗勒、壳牌、卓伯根等在新区投资和拟招商合作的外商外资企业，专门通过信函、邮件、视频等方式阐述应对疫情所采取的措施和成效，增强企业信心。针对建设企业出台专门政策，优化项目资本金缴纳方式，同意企业缓期缴纳报建费。大力推行不见面审批服务，引导广大企业和群众在线办理业务。对部分符合条件的项目实行要素容缺审批，优先办理施工许可，促进项目尽快开工建设。福州新区发挥市县两级工作组的督促指导作用，建立“一对一”常态化联系，对企业反映的问题马上协调解决，确保对每个问题都形成闭环管理。

（四）创新方式持续推进招商引资

新区千方百计克服疫情对招商引资带来的不利影响，以“屏对屏”“线连线”方式沟通，运用招商服务平台，通过网上招商、电话招商、社交工具、视频会议等灵活多样的不见面招商形式，有力推动了招商引资不停步、投资合作不间断。突出云上对接、云上招商，推动项目签约一批、落地一批。真正做到了疫情防控同时招商引资不断链，为新区发展增添了后劲。

天津滨海新区加大对生物医疗、智能制造、云办公、在线教育等产业重点项目引进，以远程方式推动瑞源精测巡检机器人、天津大学医疗机器人与智能系统研究，鸿业动力新能源汽车动力电池、新天钢物流、方大集团投资公司、山西建龙集团网络货运等一批新一代信息技术、人工智能、新能源、现代服务业类优质项目签约落地。南京江北新区创新采用“互联网+”方式，通过视频会议、云端智慧等招商平台举行两次线上签约活动，先后引进浪潮集团华东区总部、芯原微电子南京研发中心等产业项目，涉及集成电路、生物医药、智能制造、新金融等多个重点领域，总计签约63个项目，总投资额达550亿元。哈尔滨新区签约华夏幸福深哈金融科技城、万科中俄产业园、中国长城自主创新计算机整机生产基地及自主研发计算机适配中心等52个项目，协议引资额1 038亿元，其中超百亿元项目3个，超额完成年初制定的工作目标。陕西西咸新区签约陕铁物流集团、挪威船级社西咸办事处、中建交通西北总部、日本电气公司（NEC）、威高集团西北总部等76个重大项目，总投资1 930亿元以上。

（五）千方百计保障重大项目建设

新区在毫不松懈抓好疫情防控的基础上，坚持项目带动，推进重大项目建设，积极做好稳投资工作。加快签约一批、开工一批、提速一批、竣工一批、储备一批重大项目，推动已开复工项目尽快形成实物量、上半年度计划项目尽量提前开工、下半年计划项目尽量上半年开工、预备项目尽量转化为开工项目，全力提速重大项目建设，支撑带动经济稳定增长。湖南湘江新区突出抓好新区2020年中联智慧产业城、格力冰洗、华为湘江鲲鹏、湘江智谷、梅溪湖基因谷、大王山旅游度假区等十大产业核心项目建设，加快产业集聚。制定“五个一批”清单，分类抓好179个优质产业项目建设。青岛西海岸新区成立了投资攻坚战指挥部，加快推进台玻光电玻璃产业园等410个战略性新兴产业项目以及5G高新视频实验园区等586个新基建、重大基础设施和公益性项目建设，每月举行项目集中开工、投产仪式，营造项目建设良好氛围。江西赣江新区积极推行“网上办”审批、“不见面”推进，制定疫情防控期间投资项目办理指南，投资项目通过在线平台办理收件、审批和出件，实现防疫审批两不误，确保项目建设速度不降、力度不减。贵州贵安新区直管区上半年完成固定资产投资86亿元，同比增长77.5%。

总体上看，支持企业应对疫情各项工作扎实推进，取得了积极成效。新华社、人民日报、中央电视台等媒体持续报道新区应对疫情、助企惠企、复工复产等方面好经验好做法。2020年上半年，多数新区地区生产总值增速居所在省（市）前列，大部分新区固定资产投资增速实现由负转正，有力带动了经济增长。新区聚焦产业链、“朋友圈”招商，一批科技含量高、产业带动强的大项目纷纷落地，实体经济发展态势良好，大部分新区制造业产值实现较快增长，市场活力进一步激发，保持经济平稳运行的基础支撑更加稳固。

二、再创佳绩，国家级新区经济运行稳中求进

2019年，新区经济社会发展取得了积极成效，主要经济指标总体保持平稳较快增长势头，产业结构不断优化，新旧动能加快转化，新产业新业态新模式增长强劲，高质量发展基础不断夯实，对区域经济发展的引领示范带动作用不断增强。

（一）主要经济指标总体好于预期

经济总量保持平稳增长态势，发展基础不断夯实。2019年，新区经济增长继续保持较快发展速度，质量和效益稳步提升。2019年，18个新区（河北雄安新区暂不纳入本报告数据统计）地区生产总值约4.6万亿元，占全国经济比重约为4.6%；平均增速7.5%，高于全国平均增速1.4个百分点。单位面积经济密度达2.03亿元/平方公里，较2015年提高43%，年均增长9.3%，产出效率逐年提高。

增长势头快于所在省（市），持续引领区域发展。2019年，绝大多数（16个）新区地区生产总值增速高于所在省（市）增速，其中贵州贵安、兰州、哈尔滨3个新区高出所在省（市）5个百分点以上（见图1-1）。新区地区生产总值占所在省（市）的

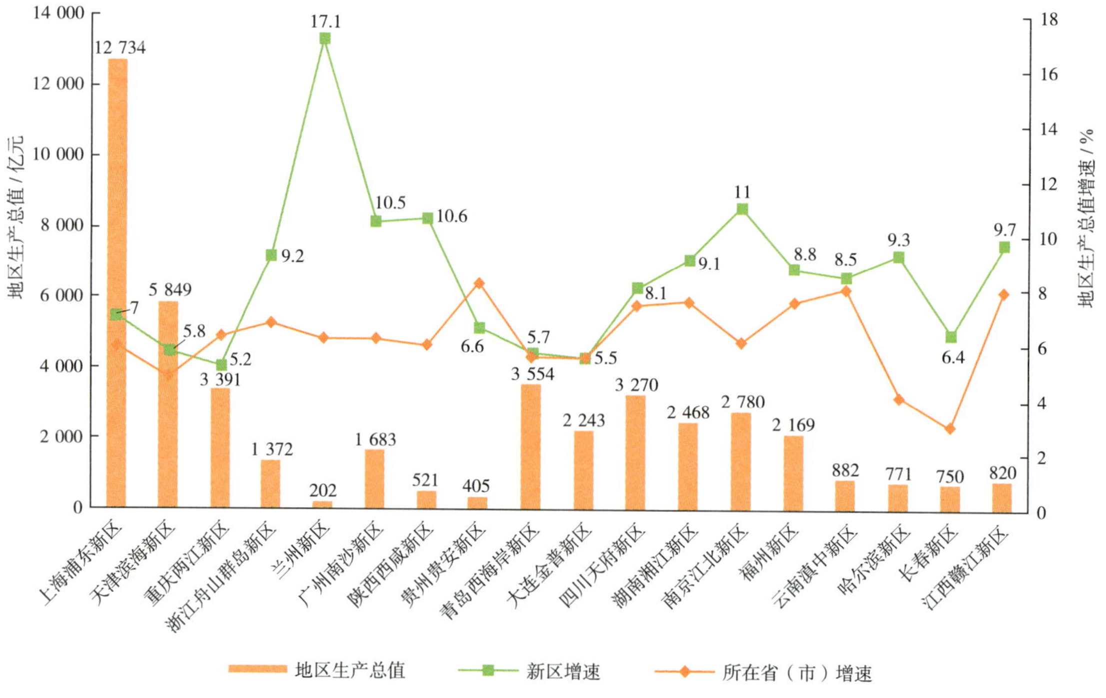

图1-1 2019年新区地区生产总值及其增速

比重达16.9%，较2018年提高0.7个百分点，对区域经济发展的支撑引领作用持续增强。其中，上海浦东、天津滨海、重庆两江和大连金普新区地区生产总值占所在省（市）的比重超过10%；天津滨海新区地区生产总值占比41.5%，上海浦东新区占比33.4%，均达到三分之一以上。浙江舟山群岛、青岛西海岸等15个新区占所在中心城市的地区生产总值比重达10%以上（见表1-1）。

表1-1 2019年新区地区生产总值占所在省（市）和城市的比重

单位：%

新区名称	所在省（市）	占比	所在城市	占比
上海浦东新区	上海市	33.4	上海市	33.4
天津滨海新区	天津市	41.5	天津市	41.5
重庆两江新区	重庆市	14.4	重庆市	14.4
浙江舟山群岛新区	浙江省	2.3	舟山市	100
兰州新区	甘肃省	2.5	兰州市	7.8
广州南沙新区	广东省	1.6	广州市	7.1
陕西西咸新区	陕西省	1.6	西安市	5.6
贵州贵安新区	贵州省	2.4	贵阳市	10
青岛西海岸新区	山东省	5.3	青岛市	30.3
大连金普新区	辽宁省	10.3	大连市	32
四川天府新区	四川省	6.7	成都市	19.2
湖南湘江新区	湖南省	6	长沙市	21.3
南京江北新区	江苏省	2.8	南京市	19.8
福州新区	福建省	5.1	福州市	23.1
云南滇中新区	云南省	3.5	昆明市	13.6
哈尔滨新区	黑龙江省	4.8	哈尔滨市	14.7
长春新区	吉林省	5	长春市	12.7
江西赣江新区	江西省	3.2	南昌市	14.7

产业结构不断优化，第三产业占比过半。2019年，新区三次产业比重为2.0∶40.7∶57.6，各新区三次产业比重如表1-2所示。新区第三产业增加值比重较全国平均水平高出3.7个百分点，对新区经济发展贡献突出。其中，上海浦东、重庆两江、青岛西海岸、四川天府、陕西西咸、浙江舟山群岛、广州南沙、湖南湘江、哈尔滨9个新区第三产业增加值占地区生产总值比重超过50%，特别是上海浦东、重庆两江新区第三产业增加值高出第二产业一倍以上。长春、江西赣江、贵州贵安、福州、大连金普、南京江北、兰州和天津滨海8个新区第二产业增加值占地区生产总值比重超过50%，其中，长春、江西赣江、贵州贵安、福州、大连金普5个新区第二产业增加值占比超六成，是典型的工业型新区。

表1-2　2019年新区三次产业比重　　单位：%

新区名称	第一产业	第二产业	第三产业
上海浦东新区	0.2	22.5	77.3
天津滨海新区	0.2	51.8	48.1
重庆两江新区	0.5	31.1	68.4
浙江舟山群岛新区	10.7	34.7	54.7
兰州新区	0.8	49.3	49.9
广州南沙新区	3.3	42.1	54.6
贵州贵安新区	3.6	61.8	34.6
陕西西咸新区	9.0	35.6	55.5
青岛西海岸新区	2.2	38.1	59.7
大连金普新区	3.3	60.0	36.7
四川天府新区	2.4	41.5	56.1
湖南湘江新区	2.3	45.6	52.1
南京江北新区	0.4	56.4	43.2
福州新区	5.2	61.4	33.4
云南滇中新区	5.2	48.7	46.2
哈尔滨新区	0.4	48.1	51.6

续表 1-2

新区名称	第一产业	第二产业	第三产业
长春新区	0.1	72.3	27.6
江西赣江新区	2.8	64.0	33.2

注：因四舍五入，表中个别新区三次产业比重之和会不等于100%。

财政实力不断增强，聚力增效作用明显提升。2019年，18个新区实现地方一般公共预算收入4 206亿元，突破4 000亿元，占全国一般公共预算收入的比重达2.2%，同比增长6.2%（实际增速），高出全国平均水平2.4个百分点。财政依存度8.6%，处于合理区间范围，财政实力较为充足（见表1-3）。上海浦东（1 071.5亿元）、天津滨海（502.7亿元）新区在总量方面占据前两位，与地区生产总值排位次序保持一致。陕西西咸和兰州新区财政收入增速较高，同比增长分别为38.3%和16.0%，居增速前两位。湖南湘江和南京江北新区实现量速齐升，总量分别居第三位和第五位，增速分别居第四位和第三位。

表1-3 2017—2019年新区一般公共预算收入情况

年份	总量 / 亿元	占全国比重 /%	增速 /%	财政依存度 /%
2017 年	3 098	1.8	4.3	7.9
2018 年	3 671	2.0	7.6	8.6
2019 年	4 206	2.2	6.2	8.6

（二）投资结构不断优化

2019年，18个新区完成固定资产投资2.6万亿元以上，占全国固定资产投资的比重约为4.6%，占比高于2018年0.9个百分点。新区固定资产投资增速同比增长12.9%（实际增速），高出全国平均增速7.8个百分点，比2018年高5.8个百分点，提升较快。

大部分新区保持较快的固定资产投资增长势头。10个新区固定资产投资保持了两位数的增速，其中哈尔滨（33.4%）、青岛西海岸（32.1%）新区增速高于30%，广州南沙、哈尔滨新区增速分别比上年大幅提高28.3、31.2个百分点，青岛西海岸新区2019年实现固定资产投资总量、增速大幅增长，分别在18个新区中排名第一位和第二位。另外，有3个新区固定资产投资呈现负增长（见图1-2）。

“十三五”以来，18个新区固定资产投资年均增速11.4%，比全国平均增速高4.9个百分点，成为吸引投资的热土。其中，12个新区的年均增长率超过10%，长春、广州南沙、四川天府新区的年均增长率分别达到30.2%、26.3%、20.1%。整体来看，投资总量较小的新区增长速度相对较高，投资总量较大的新区则增速相对靠后。与所在省（市）对比，12个新区2019年固定资产投资增速高于所在省（市），其中青岛西海岸、长春、哈尔滨新区增速分别比山东、吉林、黑龙江省增速高40.5、32.5、27.1个百分点。

图1-2　2019年新区固定资产投资总量及其增速

投资强度保持合理增长。2019年，18个新区单位面积投资强度（固定资产投资总额/规划面积）为1.14亿元/平方公里，比上年提高8.7%，比2015年提高9.4%。其中，江西赣江、陕西西咸新区投资强度分别为3.44和2.93亿元/平方公里，是新区平均水平的3倍左右，为经济社会高质量发展起到率先引领作用。

（三）产业发展势头强劲

工业规模效应逐渐显现。上海浦东、天津滨海新区规模以上工业总产值超过万亿元；重庆两江、广州南沙新区规模以上工业总产值在3 000亿元以上。

增长势头积极向好。2019年，浙江舟山群岛、兰州、大连金普、湖南湘江、南京江北、福州等新区规模以上工业总产值增速达两位数。其中，浙江舟山群岛新区规模以上工业增加值增长43.2%，兰州新区规模以上工业增加值增长26.2%，明显高于全国和所在省（市）平均水平。

主导产业特色突出。2019年，上海浦东新区金融业、科技服务业拉动第三产业快速增长，战略性新兴产业产值占规模以上工业总产值比重预计达到41.5%。广州南沙新区2019年实现规模以上工业总产值2 587亿元，同比增长6.5%，其中，汽车制造业实现产值1 155亿元，同比增长12%，广汽丰田三条生产线年产能已达60万辆整车，新生产线项目已启动筹建，形成以广汽丰田汽车项目为龙头、40多家配套零部件制造和服务企业的汽车产业集群，此外，重型装备制造业、修造船和海洋工程产业已形成集聚趋势。大连金普新区规模以上工业总产值3 472.7亿元，下降2.2%，占大连的比重为48.5%，规模以上工业增加值增长10%。

具有前瞻性和系统性、多元发展、多极支撑的现代化产业体系正逐步形成。不少新区着力完善与先进制造业发展相适应的现代服务业体系，金融、科技信息、现代物流、航运服务等功能不断提升。因发展阶段不同，部分新区传统工业中重化工

图1-3 南京江北新区扬子江新金融示范区

业占比仍然较高，战略性新兴产业还未成规模，产业结构调整正经历转型阵痛期。东中西和东北地区的新区结合实际，在推动产业结构调整过程中，各有侧重地加大对产业新兴领域、高端环节和创新业态的关注和发展力度，有针对性地提前布局高成长性新兴产业。

（四）对外开放成效显著

对外贸易持续发展。2019年，绝大多数新区进出口总额均保持稳中有进的增长势头，其中，重庆两江、浙江舟山群岛、四川天府新区的进出口总额超过1 000亿元，广州南沙、大连金普新区超过2 000亿元。

利用外资稳中有升。新区成为我国吸引外资的重要功能平台。上海浦东、浙江舟山群岛、贵州贵安、陕西西咸、青岛西海岸、大连金普、湖南湘江、南京江北、哈尔滨、江西赣江等新区实际利用外资比上年均有所增加，贵州贵安、陕西西咸新区实现50%以上的大幅增长。

图1-4　陕西西咸新区丝绸之路经济带能源金融贸易区

三、聚力聚焦，国家级新区创新发展重点任务有序推进

新区按照推动高质量发展要求，深化改革创新，扩大开放合作，稳定外资，夯实基础，提升竞争力。科技创新不断提高，承接产业转移逐渐优化。各新区抓住构建现代产业体系这一首要任务，充分激发改革开放、创新驱动两大动能，持续优化生态、宜居、营商三个环境，统筹推进稳增长、补短板、惠民生、防风险、守底线，推动新区经济社会发展迈上新台阶。

（一）积极承接产业转移，打造实体经济发展高地

新区紧盯产业全球和区域布局变化，持续优化产业项目引进机制，主动承接产业转移，精准引进产业链长、成长性强、标识度高的重大项目，有针对性地“造链”“补链”“强链”，着力优化产业结构，增强区域产业互补性。

不断拓展招商引资新空间。湖南湘江新区紧盯三类“500强”企业和产业链龙头企业，全年签约项目136个，合同引资1 905亿元。南京江北新区在北京、上海等地设立常驻招商机构，建立招商引资项目库，成功实现与清华大学、北京大学、台北医学大学、网易、百度等名校、名企的项目合作，促成健康医疗大数据应用技术国家工程实验室南京分中心、网易南京数字产业创新发展项目等一批国内高端创新平

图1-5 江西赣江新区南昌海立电器

台落户新区。四川天府新区高能级引进培育重大产业项目，新签约引进瓴盛科技等重大外资项目，中国商飞、乐高乐园等生态型、引领型重大项目288个，协议总投资5 590亿元。贵州贵安新区引进泰邦航空食品等项目33个，总投资352.39亿元，到位资金87.52亿元，比上年增长24%。

重大项目加快落地。重庆两江新区新签约项目合同额1 716亿元，紫光存储芯片、长安福特高质量发展计划等一批重大项目落户。陕西西咸新区317个重点项目完成年度投资133.4%，其中157个产业类项目完成年度投资137.9%，东航赛峰飞机起落架深度维修、中国中药产业园、圣阳机械专用车等项目顺利竣工。大连金普新区深入开展“项目浪潮年”活动，强力推进500余个项目、投资规模3 500亿元，大众变速器五期、蒂森克虏伯发动机系统凸轮轴五期等26个项目竣工投产。

（二）着力集聚创新要素，加快培育发展新动能

新区始终坚持把创新作为提升新区发展质量的驱动力，走以自主创新为核心、创产融合的高质量发展之路，努力打造创新高地、产业高地、人才高地和创产融合新高地。

构建有力的创新体系。加快设立新区科技投资基金，引导社会资本和企业加大科技投入力度，推动产业集群发展。南京江北新区制定出台创新创业十条、集成电路人才试验区十条等一批含金量高、吸引力强的特色政策，持续营造“以创新论英雄”的良好氛围。四川天府新区构建“创业苗圃+孵化器+加速器+产业园”梯级创业孵化体系，聚集重大科技基础设施及研究基地4个、国家级创新平台16个、中国科学院成都分院等中国科学院系统项目11个，双创示范基地建设获国务院通报激励。

高标准建设创新平台。着力强化创新平台功能，加快集聚创新资源要素，不断优化创新生态圈。重庆两江新区高标准建设三大创新平台，数字经济产业园新引进阿里云创新中心、腾讯西南总部项目，成为中新国际数据通道首批示范园区；两江协同创新区新签约新加坡国立大学等7所高校，累计签约16所高校研究院。兰州新区兰石高端能源装备省级专业化众创空间升格为国家级众创空间，连续三年获“优秀（A类）国家级科技创业孵化器”。广州南沙新区推动新型研发机构集群发展壮大，继续支持香港科技大学霍英东研究院发展，中国科学院力学研究所、广东空天科技研究院、广东智能无人系统研究院、中国科学院南海海洋研究所等5个重点创新平台

项目开工建设。

强化人才支撑。通过实施人才强区战略，聚焦营造引才、留才、用才的人才发展环境，人才服务发展大局的支撑作用凸显，各新区综合实力大增，发展势头强劲。长春新区深入推进“人才管理改革试验区”建设，建成120套人才公寓，新引进优秀人才生活补贴、住房保障支持等政策惠及区内1 200余名优秀人才，相关经验获得全国最佳案例奖。陕西西咸新区通过创新构建“一站通”人才专办服务体系、搭建“互联网+”招才引智系统、构建境外高端人才居家金融服务体系等，着力优化人才服务水平，相关经验向全国复制推广。大连金普新区加大科技人才引进力度，全年共引进博士和副高级职称以上高层次人才163人、产业发展紧缺人才33人，为新区636名人才发放安居补贴2 048万元。

（三）深化体制机制创新，持续激发干事创业活力

新区坚持以改革为动力，充分激发市场主体活力，增强发展韧性。以深化“放管服”改革为抓手，健全审批体系、提高服务效率、优化服务平台、实施减税降费，全面优化营商环境持续推进，更大发挥市场配置资源的决定性作用和更好发挥政府作用。

优化行政审批制度。梳理完成新区监管事项清单和检查实施清单，实现新区监管事项标准规范统一。推动破除市场准入门槛，提升服务质量，加强事中事后监管，提升投资便利化水平。云南滇中新区制定优化功能提升效能创新服务工作实施方案，深入实施重大项目审批服务总协调工作机制和优化企业服务零距离行动，多条途径改善新区营商环境，全年实现新注册企业3 312户。湖南湘江新区大力实施预审代办、分阶段审批、多图联审、容缺审批、规范中介等一系列项目审批改革举措，新区审批事项从75项优化为45项，申报材料压减25.3%，审批时限进一步缩短。四川天府新区全面推行知识产权民事、刑事、行政案件“三审合一”审判模式改革、全程电子化业务和企业名称自主申报改革，企业开办时间缩减至0.5个工作日，实现国际贸易“单一窗口”免费申报100%覆盖，机场口岸整体通关时间在全国13个主要机场中排第一位。

落实减税降费政策。大连金普新区全年累计新增减税降费37.84亿元，其中，增值税改革新增减税18.6亿元、小微企业普惠性政策新增减税3亿元。新登记市场主体24 606户，新办理企业登记14 021件，增长12.32%。上海浦东新区加强企业

精准服务，积极落实国家减税降费政策，全年为企业减负546亿元。云南滇中新区深入开展“减税降费面对面”活动，逐户算准讲清减税降费政策“综合账”，全年减税降费26.83亿元，实现“制造业明显下降，建筑业、交通运输业有所下降，其他行业只减不增”。

图1-6　重庆两江新区协同创新区

（四）融入服务重大战略，不断开拓发展新空间

有关新区积极对接融入京津冀协同发展、长江经济带发展、粤港澳大湾区建设、长三角区域一体化发展等重大战略，实行开放口岸、通道、平台一体建设，开放主体、环境一体打造，着力培育开放“硬实力”和“软环境”，发展空间进一步拓展，持续提升面向全球配置资源的能力。

融入服务国家重大战略。各有关新区把握国家战略重大历史机遇，积极对接、深度融入，形成了一批新的经济增长点、增长极。天津滨海新区持续推进京津冀协同发展，积极承接北京非首都功能转移。浙江舟山群岛新区继续推进长三角区域一体化发展，积极承接上海非核心功能转移，深入推进甬舟一体化，在装备制造、石油化工、航空产业、海洋生物、海事服务、医疗健康、金融服务等领域加强合作。广州南沙新区积极推进粤港澳大湾区建设，编制实施首批26条与港澳规则衔接工作清单，推出342项“湾区通办”政务服务事项，出台港澳人才专项扶持奖励政策，入驻215个粤港澳青年创新团队。

积极推进自贸区建设。大连金普新区“进境粮食全流程监管”作为国务院第五批试点经验之一在全国复制推广，2项国企改革案例入选商务部第三批全国自贸区“最佳实践案例”，多项制度创新成果在全国率先落地。哈尔滨新区加快黑龙江自贸区哈尔滨片区建设，自2019年8月批复设立至2019年底，新设立企业1 379家，同比增长72%，其中，新增外资企业13家，同比增长62.5%。南京江北新区聚焦投资贸易便利化、金融开放创新等重点领域，高质量编制完成江苏自贸区南京片区实施方案，形成56条“个性化”任务。202条全国复制推广的自贸区试点经验中，已有166条在新区落地。

（五）提升规划建设品质，打造绿色宜居新城区

新区坚持科学化建设、市场化运营、精细化管理，不断提升城市承载力、辐射力和竞争力，加快创建全国文明城市，宜业宜居、绿色生态、便捷智慧的现代新城初步形成。

注重高标准规划。江西赣江新区对标河北雄安新区规划建设理念，编制完成直管区空间发展战略规划、概念规划、产业发展规划，开展城市更新改造规划设计，全面启动智慧新区建设三年行动计划。湖南湘江新区全面完成新区国土空间规划及高铁西城等重点片区控规，初步构建2035年新区国土空间规划新格局，完善新区城市设计“一张图”、三维仿真平台建设、数据建设等应用基础工作。云南滇中新区开展国土空间规划“三区三线”（城镇空间、农业空间、生态空间和城镇开发边界、永久基本农田保护红线、生态保护红线）划定评估研究，初步形成全域覆盖、“多规合一”的国土空间规划体系。片区规划完善提升，《东盟产业城概念性空间发展规划方案》编制完成并进行成果运用。

探索创新城市发展方式。四川天府新区牢记习近平总书记关于“天府新区是‘一带一路’建设和长江经济带发展的重要节点，一定要规划好建设好，特别是要突出公园城市特点，把生态价值考虑进去，努力打造新的增长极，建设内陆开放经济高地”重要指示，以公园城市理论探索和实践创新为引领，加快推进凤栖湿地、雁栖湿地等重大生态项目，全力抓好鹿溪智谷工程建设，聚焦“建设践行新发展理念的公园城市先行区”，着力做靓城市品牌，全面提升宜居城市品质。陕西西咸新区践

行习近平总书记关于“发挥西咸新区作为国家创新城市发展方式试验区的综合功能”重要指示，积极探索城市高质量发展路径，久久为功，扎实推进，以实际行动积极贯彻落实。

提升城市治理水平。福州新区加快与平潭一体化进程，长平高速全线贯通，平潭海峡公铁大桥顺利合龙。签订两地合作框架协议，并开展联动发展规划编制工作。广州南沙新区编制实施总体城市设计、乡村建设规划，初步完成横沥岛、亭角地区等重点片区规划修编。新增50公里生态景观廊道，加快建设明珠湾大桥等项目，基本建成青少年宫、新图书馆和规划展览馆，整治提升10个村级工业园，“散乱污”场所整治完成率100%。

（六）防控各类风险，保障建设发展行稳致远

新区进一步强化忧患意识和底线思维，牢牢抓好金融、政府性债务和隐性债务、生态环境、安全生产等领域风险防范化解工作，及时消除风险点，建立健全监管体系，做到预防在先、处置在前，坚决守住不发生系统性区域性风险的底线，夯实新区高质量发展的基石。

防范金融领域重大风险。新区不断加强金融监管，严厉打击非法金融活动，积极化解政府性债务，打好重大风险防范化解攻坚战，确保不发生区域性金融风险。一是建立专项机制。为扎实做好新区互联网金融风险防范工作，有关新区建立了互联网金融风险专项整治工作专项机制。不少新区成立金融机构风险防范处置化解与打击和处置非法集资工作领导小组，出台了P2P网络借贷等高风险领域应急处置工作预案。二是加强风险排查。一方面开展摸排检查，针对辖内网络小贷、融资担保公司等风险较高企业，分批次开展现场检查，逐一排查风险点。广州南沙新区将6.5万多家金融类企业及部分涉众敏感企业纳入监测及预警；另一方面提升相关企业风险识别能力，江西赣江新区积极推动爱施德网络小贷及江铃鼎鑫网络小贷公司接入人民银行征信系统，极大增强了企业识别风险的能力。三是创新金融科技。金融科技创新正成为新区推动金融转型升级的新引擎、服务实体经济的新途径、促进普惠金融发展的新机遇、防范化解金融风险的新利器。重庆两江新区利用大数据风控技术搭建了中小微企业纯线上信用贷平台——“信易贷”，既解决B端小微企业融资难、融资贵问题，同时降低化解小微企业的金融风险。四是化解政府隐性债务。有关新区结合实际情况，出台防范化解政府隐性债务风险工作方案，有的新区将相关工作

纳入年度绩效考核体系，有序推进各级政府、园区隐性债务化解工作。湖南湘江新区推动先导控股和湘江集团到期债务展期和高成本债务置换，完成年度政府隐性债务化债57.14亿元，盘活可经营性固定资产收入6 368.79万元。

防控环境保护领域风险。新区不断加强生态环境监测监控系统建设，提升生态环境信息采集、分析、利用能力，推动信息资源整合应用，创新生态环境精准化监管模式。加强对水源地取水口、化工园区下游水质状况实时监控，加快清理水源地环境隐患，提高对突发环境事件的预警、预防。南京江北新区主动清理新区长江江浦水源地内隐患宏波码头，在不到一年的时间内完成拆除和场地复绿，及时消除了水源地内的环境安全隐患。

防控安全生产领域风险。新区切实增强红线意识，进一步推进安全生产领域改革。深化重点行业领域专项治理，突出抓好危化品、仓储物流、建筑施工、交通运输等领域安全隐患排查整治，狠抓食品药品安全管理。强化安全科技、应急管理等基础工作，推进智慧交通、智慧消防、智慧医疗等智慧平台建设。落实风险源分级管控，完善重大危险源信息管理体系，坚决防范遏制重特大事故，提升自然灾害、公共卫生等突发事件风险防控水平，更加细致扎实地做好安全生产各项工作。

四、直面形势，努力把握新时期国家级新区发展的“危”与“机”

当前和今后一个时期，我国发展仍然处于战略机遇期，但机遇和挑战都有新的发展变化。当今世界正经历百年未有之大变局，和平与发展仍然是时代主题，同时国际环境日趋复杂，不稳定性不确定性明显增强。我国已进入高质量发展阶段，发展具有多方面优势和挑战，同时发展不平衡不充分问题仍然突出。新区要深刻认识我国社会主要矛盾变化带来的新特征新要求，增强机遇意识和风险意识，把握发展规律，发扬斗争精神，善于在危机中育新机、于变局中开新局，抓住机遇，应对挑战，趋利避害，奋勇前进。

（一）新形势蕴藏新机遇

从国际看，当今世界正处于百年未有之大变局，全球格局深度调整，大国竞争复杂激烈，地区热点乱变交织，国际形势充满变数，机遇与挑战并存。世界经济结构深度调整，国际竞争更激烈、更深入、更复杂，但和平、发展、合作、共赢的时代潮流没有变。全球新冠肺炎疫情仍在不断蔓延，全球产业链供应链的安全风险由此也在增大。中国产业链供应链以韧性、实力和新活力赢得全球企业“信任票”。在电子信息、汽车、能源和医药等诸多行业领域，全球企业高度依赖“世界工厂”中国的供应链，且短期内无法改变。

从国内看，我国经济正处在转变发展方式、优化经济结构、转换增长动力的攻关期，经济发展前景向好，但也面临着结构性、体制性、周期性问题相互交织所带来的困难和挑战，加上新冠肺炎疫情冲击，经济运行面临较大压力。但也要看到，我国经济潜力足、韧性强、回旋空间大、政策工具多的基本特点没有变。我国经济稳中向好、长期向好的基本趋势没有变，我国经济持续增长的良好支撑基础和条件没有变，经济结构调整优化的前进态势没有变，我国仍处于发展的重要战略机遇期。

（二）新变化带来新挑战

逆全球化浪潮推动国际产业体系重构，外向型经济面临更多风险。欧美发达国家认识到制造业对一国经济长期发展的重要性，纷纷提出了“重振制造业”的发展计划，例如美国的“再工业化”“制造业复兴”“先进制造业伙伴计划”，德国的“工业4.0”，日本的“再兴战略”，法国的“未来工业法国”等。外部环境不确定性增加，世界经贸关系受到影响，我国对外贸易面临严峻挑战。

新冠肺炎疫情延缓全球经济复苏势头，逆水行舟分外艰难。新冠肺炎疫情在全球蔓延，给全球经济、社会发展带来了多方面挑战和冲击，重创了全球贸易和全球产业链供应链，对国际秩序产生了很大冲击，成为当前逆全球化浪潮的重要推手。世界经济陷入衰退，对西方国家而言可能是非战争情况下出现的最严重衰退。美日等一些国家为了扩大国内就业，缓解产业空心化，维护全球价值链中的“链主”地位，提出让产业链回流国内，类似主张有可能影响我国在全球供应链、产业链的重要地位。

新科技革命催促新旧动能加快接续转换，传统产业基础面临动摇风险。我国经济发展进入新常态，创新驱动发展战略深入实施，大众创业万众创新蓬勃兴起，诸多新产业、新业态蕴含巨大发展潜力，呈现技术更迭快、业态多元化、产业融合化、组织网络化、发展个性化、要素成果分享化等新特征，以技术创新为引领，以新技术、新产业、新业态、新模式为核心，以知识、技术、信息、数据等新生产要素为支撑的经济发展新动能正在形成。加快培育壮大新动能、改造提升传统动能是促进经济结构转型和实体经济升级的重要途径，成为推进供给侧结构性改革的重要着力点，也对传统产业带来了威胁。

与此同时，也要看到，部分新区不同程度存在的体制机制不够灵活、实体经济发展动力不足、招商引资成效不显著等问题，与国内外形势的新变化相交织，给新区未来一段时间发展带来了新挑战，需要新区下大力气解决。这些问题主要表现在以下几个方面。体制机制方面，一些新区存在行政效率不高，企业服务不到位、审批周期过长等问题，行政效能尚待提升。有的新区还缺少在全国叫得响、立得住的体制机制改革创新典型经验和案例，与党中央、国务院的要求和预期还有一定差距。实体经济发展方面，一些新区经济总量小、结构不合理、产业基础弱、招商引资质量不高的状况没有得到根本性改变，有的新区制造业基础不牢固，新旧动能转换不足，对传统产业依赖性强、产业附加值不高、智能化水平偏低的状况尚待改善。招商引资和项目建设方面推进力度仍需加大。一些新区存在招商项目落地难度大、转化周期长等问题，还需进一步提升招商工作的力度和精度。有的新区服务意识不足、营商环境缺乏优势，导致社会资本投资意愿不强，项目接续不上，对投资增长形成压力。

（三）新时代赋予新使命

第一个百年目标即将胜利收官，第二个百年目标就要迎来开局，新时代的大幕正在缓缓拉开。站在“两个一百年”奋斗目标的历史交汇点上，面临更加复杂的国内外环境，各新区要充分把握党和国家赋予的历史使命，坚持新发展理念，坚持用全面、辩证、长远的眼光分析当前经济形势，坚持结构调整的战略方向，更多依靠科技创新转换发展动力，完善经济调控跨周期设计和调节，实现稳增长和防风险长期均衡，成为高质量发展引领区、改革创新先行区、全方位开放试验田、实体经济发展新高地、城市建设新标杆。

1. 高质量发展引领区

我国经济已经从高速增长阶段转向高质量发展阶段，新区作为承担国家重大发展和改革开放战略任务的综合功能平台，要率先实现经济发展从量的扩张转向质的提高，在质的大幅提升中实现量的有效增长，既保持较快的发展速度，同时在发展理念、发展模式、发展方向上发挥引领作用、导向作用，为推动形成优势互补高质量发展的区域经济布局作出应有贡献。新区要以编制好“十四五”发展规划为契机，紧紧围绕战略定位，牢牢抓住中央、省市多方政策支持、多重机遇叠加的关键发展期，统筹近期目标和长远战略、全局发展和区域差异、发展速度和质量效益、时间节点和空间布局，立足改革创新、产业发展、生态治理、科技创新等重点领域和关键环节，凝聚各方共识、汇聚各方智慧，为未来一段时期新区高质量发展绘就宏伟蓝图。

2. 改革创新先行区

改革是推动发展的制胜法宝。新时期推进中国特色社会主义伟大事业，应对和战胜前进道路上的各种风险和挑战，根本动力在于全面深化改革。新区要以将改革进行到底的决心和干劲，坚定改革自信，保持改革定力，提高改革本领，汇聚改革合力，依靠改革应对变局、开拓新局，不断在改革中破局开路、克难前行，为所在省市乃至全国提供改革的经验和样本。创新是引领发展的第一动力，抓创新就是抓发展，谋创新就是谋未来，新区要积极营造有利于创新的政策环境和制度环境，加快形成以创新为主要引领和支撑的经济体系和发展模式，增强科技进步对新区经济增长的贡献度，发挥新区创新溢出效应，带动区域经济高质量发展。

3. 全方位开放试验田

开放是国家繁荣发展的必由之路，坚持在对外开放中谋发展、谋合作、谋共赢是我国不断取得新成就的重要因素。新区是我国对外开放的重要前沿阵地，不少新区位于“一带一路”重要节点城市，14个新区拥有自贸试验区（片区），绝大多数新区范围内涵盖国家级经济技术开发区、综合保税区等开放平台，各新区要坚持开放引领，充分挖掘区位优势，激发区域内各类功能平台活动，坚持请进来与走出去相结合，扩大对外交流合作领域，深度融入“一带一路”建设，以大平台、大通道、大合作构筑对外开放新格局。要充分复制推广自贸试验区好经验、好做法，拓展利用外资方式，优化外商投资导向，提高对外贸易质量，推动新区开放型经济高质量发展。

4. 实体经济发展新高地

实体经济是一国经济的立身之本，是财富创造的根本源泉，是国家强盛的重要支柱。新区要把发展的着力点放在实体经济上。要深化供给侧结构性改革，支持传统产业优化升级，促进新兴产业加速崛起，提升科技支撑能力，打造一流产业生态，加快新旧动能转换。要把提升全产业链水平作为主攻方向，加强新型基础设施建设，加快建设产学研一体化创新平台，持续优化产业项目引进机制，精准引进产业链长、成长性强、标识度高的重大项目，有针对性地完善产业链供应链。要紧紧抓住投资这个关键不放松，发起投资攻坚战，统筹推进重点项目建设，确保投资保持快速增长。发挥政府投资引导作用，激发社会投资活力，鼓励资金更多流向技术改造、高新技术产业、新型基础设施等领域，以高质量投资推动高质量发展。

5. 城市建设新标杆

推进以人为核心的新型城镇化，是党中央、国务院的决策部署，是内需最大潜力所在和“两新一重”建设的重要内容，对做好“六稳”工作、落实“六保”任务、稳住经济基本盘具有重要意义。新区要创新城市治理理念，以先进理念、更高标准、更好效果为目标，坚持对标国际先进城市建设经验，高效发挥行政服务管理作用，探索建立全新的城市治理体系。规划上，强化多规合一，完善经济社会、资源环境政策和空间管控措施，形成规划建设“一张图、一套表、一个系统”。建设上，坚持地上地下统筹开发，引入小街区密路网、海绵城市、综合管廊等先进理念，有效避免交通拥堵、“城市拉链”“下雨看海”等“城市病”。管理上，借助“城市智慧大脑”，积极探索“网格+网络”“区块链+社会治理”等治理新模式，依托“一张网”实现全要素集聚、全过程覆盖、全方位保障，努力让公共服务更高效、群众办事更方便。

五、勇担使命，着力抓好2020年国家级新区建设发展主要任务

2020年是全面建成小康社会和“十三五”规划收官之年，是实现第一个百年奋斗目标，为“十四五”发展和实现第二个百年奋斗目标打好基础的关键之年。各新区要深入学习贯彻习近平总书记关于统筹推进新冠肺炎疫情防控和经济社会发展工作的重要指示精神，扎实落实国务院办公厅《关于支持国家级新区深化改革创新加快推动高质量发展的指导意见》，着力深化改革创新，加快对外开放，扎实做好“六稳”工作，全面落实“六保”任务，发挥优势、创新工作思路和方法，着力拓展国内市场，持续深化重点领域开放合作，继续在统筹推进新冠肺炎疫情防控和经济社

会发展工作中发挥引领示范作用。通过各方面的共同努力，推动新区成为稳增长、防风险、促发展的前沿阵地，在加快形成以国内大循环为主体、国内国际双循环相互促进的新发展格局中更有作为。

（一）统筹应对疫情和经济社会秩序恢复

完善常态化疫情防控下工作推动机制。要在抓好常态化疫情防控的前提下，落实好中央出台的各项政策，在扎实做好“六稳”工作、全面落实“六保”任务上走在全国前列。加大对新区疫情防控、企业复工复产、经济社会秩序恢复等工作协调和指导协调，加强经济形势分析监测，帮助协调突出困难和问题，研究提出有关政策措施。加快建立与疫情防控相适应的经济社会运行秩序，完善相关举措，精准有序扎实推动复工复产，加强企业运营全链条服务保障，出台实施助企惠企专项支持政策，实现人财物有序流动、产供销有机衔接、内外贸有效贯通，把疫情造成的损失降到最低程度。加快推动国家规划已明确的重大工程和基础设施建设，抓好标志性外资项目落地，立足实际谋划建设一批5G网络、数据中心等新型基础设施建设项目。健全重大项目、重大工程清单管理制度，加强项目储备，做实项目前期，创新投融资服务，完善协调制度和服务保障机制，积极扩大有效投资。支持新区建立健全重特大疫情等突发公共安全事件应对机制，增强应急处置能力，提升应急保障能力和水平。及时总结疫情防控期间暴露的问题和短板，纳入新区年度改革任务，以查缺补漏促改革，推动形成长效机制。

（二）着力提升关键领域科技创新能力

1. 打造若干竞争力强的创新平台

加大科技攻关力度，牢牢掌握创新主动权、发展主动权。深入实施创新驱动发展战略，促进科技与经济深度融合，重大科技创新和大众创业万众创新相互推动。加强推进国家自主创新示范区、全国双创示范基地、产业创新中心和国家数字经济创新发展试验区等创新平台建设。围绕新一代信息技术、生物医药、高端装备制造、节能环保、新材料、新能源汽车、人工智能等战略性新兴产业，加快培育建设一批制造业创新中心、国家技术创新中心等科技创新平台。要支持优秀创新型企业牵头，与高校、科研院所和产业链上下游企业联合组建一批创新共同体，聚焦重点领域和关键环节，瞄准国际前沿技术强化攻关，尽早取得突破。要支持一批中小微科技型企业创新发展。上海浦东新区要研究谋划张江综合性国家科学中心“十四五”规划，建设一批大科学装置和重点项目，积极推动形成科创中心核心承载区。

2. 完善创新激励和成果保护机制

进一步完善科技成果转化、知识产权保护、技术交易服务等支持政策体系，鼓励支持基础研究、应用研究，促进科技成果转化孵化，把新区打造成科技创新策源地和人才高地。健全科技成果转化激励机制和运行机制，支持新区科研机构开展赋予科研人员职务科技成果所有权或长期使用权试点，鼓励以技术入股、成果转让、自主创业等方式，吸引更多科研院所、院士专家学者与科研平台、企业合作，将其技术成果在新区快速转化，形成新产品、新企业、新产业。推动新区所在地区进一步下放职称评审权，支持新区科研机构自主开展职称评审。完善新区知识产权体制机制，探索构建高效便捷的知识产权保护和交易体系，优化知识产权服务体系，打造一批拥有知名品牌和核心知识产权的优势企业，推动新区知识产权高质量发展。围绕知识产权保护利用和科技企业金融需求，探索开展知识产权质押贷款风险补偿工作。有条件的新区可以探索实施“创新券”制度，推动创新资源和市场需求有效对接。

3. 积极吸纳和集聚创新要素

实施高新技术企业倍增计划，创造条件集聚一批高新技术企业，大力培育细分领域行业龙头和隐形冠军，提升新区企业创新竞争力。要积极引入创投、风投和各类产业投资基金，加大对新区企业“双创”支持力度。积极开展人才政策创新探索，允许高校、科研院所和国有企业的科技人才按规定在新区兼职兼薪、按劳取酬，建立更加开放便利的海外科技人才引进和服务管理机制，有条件的新区可以探索开展优化非标准就业形式下劳动用工服务试点。对新区创新平台基础设施建设、实验设备购置等予以补助，加大投入力度。充分利用首台（套）重大技术装备示范应用等政策措施，通过政府采购等方式，促进重大创新成果市场化应用和规模化推广。

（三）加快推动实体经济高质量发展

1. 做精做强主导产业

加快推动传统产业改造升级，出台支持技术改造的政策措施，支持企业加大技改工作力度，运用5G、人工智能、大数据、云计算、物联网、区块链等新技术实现传统产业改造提升，建设传统行业数字化转型服务平台，推动传统产业“上云、用数、赋智”，探索“区块链+”产业发展模式，加快产业数字化、智能化转型。实施先进制造业集群发展专项行动，提高主导产业专业化和创新发展水平，培育一批具有全球竞争力的“瞪羚”企业、新领军者企业、专精特新“小巨人”企业和细分领域“单项冠军”企业，打造一批有竞争力的先进制造业集群。提高先进制造业和现代服务业“两业融合”发展水平，推动建设集研究开发、检验检测、推广、创业孵化等功能于一体的产业集群公共服务综合体，鼓励金融机构按照市场化、法治化原则，为新区制造业企业提供中长期贷款和信用贷款支持。

2. 培育新产业新业态新模式

着力发展壮大战略性新兴产业，瞄准世界科技前沿，面向国家重大战略需求，紧盯信息技术、先进装备制造、新材料、新能源汽车、生物医药等新产业革命、消费升级带来的“新风口”，创新激励机制、加大科研投入、完善创新服务，强化招商引资，培育新区产业发展新动力源。加快5G网络、数据中心等新型基础设施建设，持续完善5G基站和配套设施，支撑数字经济、线上经济、平台经济、夜间经济、文化旅游、电子商务等新业态新模式发展。要打破惯性思维，拿出硬招、实招、新招，支持新业态新模式健康发展；探索创新监管模式，健全触发式监管机制，对新业态新模式实施包容审慎监管。

3. 精准引进建设一批重大产业项目

不断完善基础设施，提升产业公共服务水平，优化营商环境，提高精准承接产业转移能力。中西部和东北新区要探索建立精准承接东部地区制造业产业转移长效机制，探索完善地区间投入共担、利益共享、经济统计分成等跨区域合作机制。要创新招商引资方式，采用微信、视频、在线会议等现代信息技术，探索“云招商”、线上招商与传统招商相结合，提高招商效率。强化供应链招商，瞄准新区主导产业、产业链关键环节等精准引进一批重大产业项目，大力推进汽车制造产业链、电子信息产业链、石化产业链、装备制造产业链等主导产业链条完善产业链供应链。各新区要积极争取对接布局一批人工智能、数字经济领域的科技型重大项目，优化产业项目引进机制，精准引进产业链长、成长性强、标识度高的重大项目，建设高端智能制造示范企业、产业集聚区，打造智能制造全产业链条。要加强用工、用地、用能等要素保障，优化政务服务，创造条件推动签约项目尽快开工、有序推进。支持签约项目早开工，加快重点项目建设进度，确保已建重点项目如期投产。

（四）持续增创体制机制优势

1. 优化管理运营机制

进一步优化管理运营体制机制，理顺与所在行政区域以及区域内各类园区、功能区的关系，研究推进深化管理体制改革创新。研究赋予有条件的新区行政区划代码，用于行政许可审批、信息系统建设、数据信息统计等领域，有条件的新区按程序开展行政区划调整问题研究。新区要创新完善管理机构选人用人和绩效激励机制，经批准可实施聘任制、绩效考核制，允许实行兼职兼薪、年薪制、协议工资制等薪酬制度。新区可进一步探索行政单位与事业单位之间对口指导、人才共享、双向评价等工作机制，鼓励推行"管委会+公司"运行模式，开展法定机构改革和干部人事人才改革。研究健全统计体系，加强动态跟踪和科学评估。

2. 打造一流营商环境

积极探索制度型开放，加强与国际规则对接，推进重点领域和关键环节改革，打造国际化法治化便利化营商环境。试点企业投资项目承诺制，探索创新以政策性条件引导、企业信用承诺、监管有效约束为核心的先建后验管理模式。探索实施生产许可"一企一证"，推动实现统一社会信用代码在各许可管理环节的"一码贯通"。加强事中事后监管，全面深入推进"双随机、一公开"监管，大力推进部门联合监管，实现"进一次门、查多项事"。拓展"多报合一"工作领域，分类推进新区市场主体年报。进一步提升新区"互联网+政府服务""互联网+监管"能力和水平。加快线上"一网通办"，打造"智慧政务大厅"，加大政务资源共享力度，推广电子证照、电子印章应用，进一步推广企业开办全程网上办，全面实现以"数据跑"替代"企业跑"。

（五）推动全方位高水平对外开放

1. 进一步增强国际竞争力

坚持把开放作为高质量发展的必由之路，顺应经济全球化潮流，积极融入共建"一带一路"，进一步增强国际竞争力，主动参与和积极推动形成陆海内外联动、东西双向互济的开放格局。有条件的新区可建设国际合作园区，打造中欧中小企业合作区，建设对欧合作新平台。新区可联合举办招商推介活动，共同打造招商引资平台，实现招商资源。要进一步优化外商投资环境，积极承接重大外资项目。引导新区企业树立精益管理理念，推广先进生产管理模式，对接国际通行经贸规则、高端标准和品质要求，提升企业核心竞争力。要强化新区集聚辐射引领带动功能，加快建设区域综合交通枢纽、区域贸易枢纽和金融业对外开放试验示范窗口。上海浦东新区要总结推广开发开放30周年改革探索经验，在改革系统集成协同高效、高水平制度型开放、增强配置全球资源能力、提升城市现代化治理水平等方面提出先行先试、积极探索的具体举措，为上海及长三角一体化高质量发展乃至我国社会主义现代化建设创造浦东经验。

2. 提升投资贸易便利化水平

研究提出推动投资贸易便利化的系列措施，吸引外向型经济主体向新区集聚，鼓励新区企业走出去，引进和培育国际贸易企业，积极发展跨境电子商务，打造外向型产业集聚区和对外开放的新平台。要有序做好自贸试验区经验复制推广有关工作，具备条件的新区要加快自贸试验区改革创新试点，总结形成一批提升投资贸易便利化水平的试点经验。继续做好上海自由贸易试验区临港新片区建设工作，充分发挥试验田作用。河北雄安、重庆两江等新区要深化服务贸易创新发展试点，符合条件的新区要积极申报新一轮试点，确有发展需要、符合条件的新区应抓紧申报设立综合保税区。支持有条件的新区开展资本项目收入结汇支付便利化试点。

（六）高标准推进建设管理

1. 加强规划统领与约束

高标准、高质量启动新区“十四五”规划、国土空间规划和各专项规划编制工作。要做好顶层设计，创新城市规划理念，打破城农户籍壁垒、惯性规划和常规增长思维，站在新区推动重大区域战略实施和区域发展空间布局优化的高度，对新区规划体系进行再审视、再优化、再提升。在编制五年规划过程中，要开门问策、集思广益，把加强顶层设计和坚持问计于民统一起来，鼓励广大人民群众和社会各界以各种方式为“十四五”规划建言献策，切实把社会期盼、群众智慧、专家意见、基层经验充分吸收到“十四五”规划编制中来，齐心协力把“十四五”规划编制好。在编制空间规划过程中，要优化用地结构和功能布局，提升基础设施和公共服务设施配套水平。严控开发强度，实施建设用地总量和强度双控，注重规划“留白留绿”。要精心设计，建立各类规划统筹协调机制，实现“多规合一”，实行网格化、信息化和精细化管理，确保规划严肃性、权威性，一张蓝图干到底。

2. 探索高品质城市治理方式

强化源头管控、精准监管和系统建设，有效防范社会领域风险，构建共建、共治、共享社会治理新格局。加快智慧城市建设，充分利用现代信息技术，提高社会治理数字化、智能化水平，优化城市精细化管理常态长效机制，整合强化治理效能，提升城市精细化管理水平。率先执行2019版《绿色建筑评价标准》，立足地方实际推进海绵城市建设。坚持房子是用来住的、不是用来炒的定位，落实职住平衡要求，保持房地产市场平稳健康发展。完善应急管理机制，提升防灾减灾救灾能力，从严从细落实安全生产责任，加强食品药品、危化品、特种设备等重点领域监管，加强老旧小区、高层建筑消防等安全隐患排查整治，确保城市运行平稳有序。深化社会治理创新，以更高标准、更严要求、更实举措推进法治新区建设，构建现代化社会治理体系。不断夯实基层基础，支持工会、共青团、妇联等群团组织更好联系服务群众，发挥社会组织在社会治理中的积极作用。要推进新区生态建设和保护。加快建设城市内绿化纵横网、公园河湖系点片结合的生态体系。稳步实施造林绿化、空闲地复绿等生态绿化工程，形成绿廊、花海相连贯通的“城市绿肺”。加强重要节点景观长效管理，实施城市有机更新，打造充满活力与温度的城市风景线。

3. 创新土地集约利用方式

统筹城市生产、生活、生态三大空间，建设时尚现代、功能完备、舒适便捷、管理智慧的新区特色城市。要强化土地资源供给管理，坚决防止盲目建设和无序扩张。坚持以资源环境承载能力为刚性约束条件，科学确定新区开发边界、人口规模、用地规模和开发强度。坚决落实节约集约用地政策，强化开发强度、投资强度、产出强度、人均用地指标等要求。要提升土地管理利用效能。积极实施区域环境综合整治，扎实推进低效建设用地减量化，建设用地高效集约化工作，整顿和清理建设水平低、工程质量差、管理不规范、圈地炒地和无诚信投资项目，及时处置闲置土地，规范土地供应长效机制，提升土地价值。鼓励新区进一步优化土地供应机制，按产业、市场和发展所需调整基础地价，因城施策调整用地功能分区，适度增加混合用地供给，推动“人地挂钩”“增存挂钩”和补充耕地国家统筹等政策实施，加强新区用地保障。有关省（区、市）在安排年度新增建设用地等指标时，要充分考虑和保障新区重大项目用地需求，支持符合条件的重大建设项目纳入耕地占补平衡国家统筹。

2

新区巡礼篇
创新发展成效

国家级新区发展成效和2020年工作展望

一、上海浦东新区

图2-1 上海浦东新区夜景

（一）2019年工作成效

1. 经济社会发展

2019年，上海浦东新区实现地区生产总值12 734.2亿元，同比增长7%。规模以上工业总产值10 123.2亿元，其中战略性新兴产业产值占比达到42.4%。完成全社会固定资产投资2 126.1亿元，外贸进出口总额20 514.7亿元，全社会科学研究与实验发展（R&D）经费支出占地区生产总值的比重提高到4.15%。全年社会民生投入增长9.2%，全体居民人均可支配收入达到7.16万元，新增就业岗位11.75万个，社会消费品零售总额稳定增长，森林覆盖率达到17%，全年空气优良率达到86.2%。

2. 体制机制创新

“放管服”改革不断深入，在全国率先启动“一业一证”改革，对审批事项、时限、申请材料及填表要素进行压减；“证照分离”改革经验在全国自贸试验区复制推广。营商环境有力改善，压减新设企业办事时限及工程项目审批时限，缩短外籍人士来华时限；优化政务服务线上线下模式；创建国家社会信用体系建设示范城区；落实国家减税降费政策，全年为企业减负546亿元。

3. 科技创新

科技创新富有成效。“互联网+监管”实现8个领域、104个行业应用场景全覆盖。张江科学城建设加快推进，首轮“五个一批”73个重点项目基本完成，同时全面启动第二轮“五个一批”82个重点项目建设，一半以上项目实现开工；张江复旦国际创新中心、上海交通大学张江科学园正式揭牌；同济大学上海自主智能无人系统科学中心投入使用；微软、阿里巴巴、强生JLABS、PNP（Plug and Play）创业加速器在关键技术领域正式启用；外资研发中心累计达到240家，高新技术企业新增899家、达到2 902家，每万人口发明专利拥有量达到78.3件。

4. 招商引资和重大项目

在制造业、服务业和总部经济领域展开组团式产业招商和产业推介。项目集中签约10批次，总投资约1 600亿元。召开世界人工智能大会，50个AI项目接连签约。持续推动总部经济发展，新认定跨国公司地区总部28家，占全市56%，累计332家，占全市超过45%。引进外资研发中心7家，累计240家，占全市52.6%。

持续推进内外资项目建设工作。2019年新设外资项目1 965个，增长26%。全年新增实到外资87.68亿美元，占全市46%，从产业分布来看，主要集中在科技、商务服务、金融等第三产业领域。总部经济上，围绕重点产业，引进了产业链龙头总部企业及一批全球知名贸易型总部。2019年新设内资企业（含自贸区）19 829家，注册资本4 137.9亿元，同比上升24.76%。在总部、贸易、物流、平台经济、商务高端专业服务等领域具有集聚产业链功能的13家民营总部企业，成功入选上海市商务委首批认定的44家民营总部。

5. 节约集约发展

重点推进城市交通及生态的精细化管理。加快推进城市交通建设互联互通，推进轨道交通10号线二期、14号线、18号线建设，S3公路、沪通铁路二期、沿江通道（浦东段）、龙水南路隧道实现开工，济阳路、龙东大道快速化改造和东西通道等加快建设，杨高路改建工程、周家嘴路隧道、郊环隧道竣工通车。加快推进城市生态建设标准精细化，严格执行《上海市生活垃圾管理条例》，基本形成生活垃圾分类全覆盖格局，全区生活垃圾分类达标率达到91.4%；深化落实河长制，全面完成农村生活及工厂污水治理；推动“五违四必”区域环境整治攻坚拔点，拆除违法建筑831万平方米，“无违建”居村创建率达到100%，“无违建”街镇创建率达到90%。

图2-2 上海浦东新区智慧大脑

6. 落实重大战略任务

推进长三角一体化。积极搭建长三角一体化发展功能平台。加强质量发展、网络监管等领域合作，成立“长三角知识产权保护与服务联盟”，推动长三角区域协调发展和协同创新。长三角个人事项“一网通办”线下专窗实现街镇全覆盖。举办第四届公共文化和旅游服务产品采购大会，推动长三角优质资源共建共享。

参与“一带一路”建设。开放平台持续拓展，上海自贸区“一带一路”国别（地区）中心达到10家，森兰“一带一路”国别汇开业运营。服务保障第二届中国国际进口博览会成功举办。金桥综合保税区通过验收。贸易能级持续提升，数字贸易、技术贸易等加快发展，离岸转手买卖贸易结算实现常态化运作。对“一带一路”沿线国家和地区贸易额增长7.8%。全球最大造船集团中国船舶集团、首家外商独资船舶代理公司等一批企业和机构落户，浦东国际机场卫星厅开航启用，东海大桥“5G+自动驾驶”重卡项目示范运营，上海港集装箱吞吐量连续10年位居全球第一，浦东国际机场货邮吞吐量连续12年位居全球第三。

全面落实乡村振兴战略。在全市率先实现郊野单元（村庄）规划全覆盖，5个村启动市级“乡村振兴示范村”创建。加快农业提质增效，组建5家农业产业化联合体，促进浦东地产农产品产销对接和南汇水蜜桃等特色农业提升。完成341个村“达标型”、66个村“提升型”、18个村“特色型”美丽庭院建设。农民相对集中居住签约2 000户。12个镇完成镇级集体经济组织产权制度改革。落实粮食安全区长责任制，完成国家粮食大清查工作。

（二）2020年工作展望

2020年是上海浦东开发开放30周年，浦东要在改革系统集成协同高效、高水平制度型开放、增强配置全球资源能力、提升城市现代化治理水平等方面先行先试、积极探索、创造经验，对上海以及长三角一体化高质量发展乃至我国社会主义现代化建设发挥战略作用。要继续做好上海自由贸易试验区临港新片区建设工作，充分发挥试验田作用。要抓好上海国际金融中心建设，支持长三角和全国经济高质量发展。

1. 关键领域科技创新

夯实硬科技基础设施。坚持全球视野、国际标准，推动形成张江综合性国家科学中心基础框架。紧紧围绕打造“最强光”，加快推动硬X射线自由电子激光装置建设，软X射线自由电子激光装置、超强超短激光装置、活细胞结构与功能成像平台等项目投入使用。加快集聚顶尖科研机构，配合推进国家实验室建设，努力在基础研究、应用基础研究和共性技术研究上取得一批原创性成果。

完善硬科技综合环境。滚动实施张江科学城“五个一批”重点项目，推进张江城市副中心规划落地，持续推动张江由“园”向“城”提升。积极探索“生产+研发”“厂房+总部”等功能复合方式，不断提升空间利用水平。完善创新创业生态，围绕创新链优化资金链、人才链和服务链，促进产学研用联动发展。构建多层次、全覆盖的科技金融服务体系，鼓励支持引导民营企业健康发展，培育更多硬科技企业上市。新增一批国际化、市场化、专业化的创业孵化载体。构建高效便捷的知识产权保护和交易体系。

2. 做实做优做强实体经济

打造硬科技产业集群。聚焦“中国芯”，加大设计、制造、装备等产业链关键环节的核心技术突破力度，加快上海集成电路设计产业园建设。聚焦“创新药”，推进上海临床研究院落地，加快张江创新药产业基地、张江医疗器械产业基地和细胞产业园建设，促进生物医药创新成果就地转化。聚焦“蓝天梦”，优化产业链布局，发挥标杆企业的示范引领作用，推动航空制造与服务协同发展。聚焦“未来车”，加快集聚优质新能源汽车项目和汽车零部件企业，探索无人驾驶和智能网联汽车应用，推动传统汽车制造企业迭代升级。聚焦“智能造”，大力发展机器人、数控机床、海洋装备等产业，带动传统制造企业自动化改造和智能化升级。聚焦“数据港”，加快数字经济发展，推进银行卡产业园、软件园、信息园“三园”融合，提升张江人工智能岛集聚度，拓展更多应用场景。

3. 体制机制创新

系统推进“放管服”改革。坚持需求导向、问题导向，加强改革系统集成。更大力度“放”出活力，深化拓展“一业一证”。聚焦纳税、获得信贷、跨境贸易等环节，实现办理时间再压缩，跑出更多全市乃至全国最快速度；更有效率“管”住风险，提升浦东“城市大脑”经济治理功能，夯实“一网统管”社会治理功能，建设智能高效的监管体系。强化高风险重点领域监管，对新技术新产业新业态实施包容审慎监管；更优质量“服”出便利。实现线上“一网通办”更好办、线下“一窗通办”更快办。

4. 高水平对外开放

实施更加积极主动的对外开放。谋划自贸试验区升级版方案。落实《中华人民共和国外商投资法》，探索更深层次、更宽领域、更大力度的全方位高水平开放。全力支持自贸试验区临港新片区建设。支持临港新片区实施具有较强国际市场竞争力的开放政策和制度。主动服务“一带一路”建设和长三角一体化发展。积极落实《长江三角洲区域一体化发展规划纲要》，在基础设施、公共服务、科技创新等方面加强协同联动。依托“一带一路”技术贸易措施企业服务中心、长三角资本市场服务基地等功能性平台，推动商品、资金、技术流动更加便利，建设辐射“一带一路”和长三角的市场要素配置枢纽。

5. 高标准建设管理

优化提升城市功能。完善区域一体、全区畅达、城乡统筹的综合交通网络，优化地面配套公交线网。推动重大文体项目建设。推进花木—龙阳、金桥、川沙等城市副中心规划建设。整合强化治理效能。对标最高标准、最好水平，进一步优化城市精细化管理常态长效机制。提升土地管理利用效能，扎实推进低效建设用地减量化工作。从严从细落实安全生产责任，加强老旧小区、高层建筑消防等安全隐患排查整治，确保城市运行平稳有序。完善应急管理机制，提升防灾减灾救灾能力。深化社会治理创新，发挥社会组织在社会治理中的积极作用。持续增强智慧赋能。依托浦东“城市大脑”，加快推进大数据、人工智能等信息技术在城市治理中的深度应用，持续提高实时感知发现问题、快速有效处置问题的能力，切实增强实战效能。

二、天津滨海新区

图2-3 天津滨海新区鸟瞰

（一）2019年工作成效

1. 经济社会发展

2019年，天津滨海新区主动服务京津冀协同发展重大国家战略和“一带一路”建设，坚持稳中求进工作总基调，奋力开启繁荣宜居智慧的现代化海滨城市建设新征程。地区生产总值增长5.8%，一般公共预算收入增长8.4%，税收收入增长8.7%，固定资产投资增长12.6%，实际利用外资增长5%，实际利用内资增长12.9%，城乡居民人均可支配收入增速超过GDP增速，新增就业12.5万人，完成天津市下达的节能减排降碳任务。

2. 体制机制创新

推动开发区法定机构改革。推行全员竞聘、企业化管理，面向全球选聘领导班子，干部队伍年龄结构、知识结构、专业结构进一步优化。建立差异化薪酬体系，实行全员绩效考核，业绩导向更加鲜明。自贸区制度创新迈出新步伐。坚持突破性、首创性、差异化制度创新，128项深改任务完成122项，形成55项全国性创新成果，27项创新试点经验和实践案例在全国复制推广。自贸区管委会体制机制改革方案获市委、市政府批准，推出100条天津首创、天津特色的创新举措。

3. 招商引资和重大项目

招商引资取得新成果，落地内外资项目5 500个，总投资为3 000亿元。项目建设加快推进，普天创新产业园、高端装备再制造中心等200个项目竣工，海洋工程装备制造基地、华熙透明质酸钠等782个续建项目进展顺利，北燃液化天然气（LNG）接收站、新型肺炎疫苗生产线等248个项目开工建设。新增入库5 000万元以上项目300个，新增纳统企业超过1 000家。

4. 节约集约发展

战略性新兴产业加快成长。实施高新技术和战略性新兴产业发展行动计划，推进先进制造业集聚集群发展，战略性新兴产业产值占比达29.9%。人工智能和新一代信息技术快速发展，可穿戴智能设备增长3倍以上，计算机制造业增长25%，飞腾新一代桌面处理器批量生产。航空航天保持两位数增长，空客A320机身装配项目开工建设、A350完成和交付中心落户，大型航天器项目顺利推进。京津冀特色“细胞谷”建设规划启动实施。新能源新材料集聚化多元化发展，三星动力电池建成投产，中环高端半导体产业园加快建设。汽车产业逆势上扬，整车产量突破100万辆，推出一汽-大众探岳、丰田亚洲龙、长城F7等一批主打车型。经济技术开发区生物医药、高新区网络信息安全产品和服务产业入选国家战略性新兴产业集群。石油化工、软件和信息服务、电子信息、汽车制造被评为四星级国家新型工业化产业示范基地。促进工业转型升级和培育发展战略性新兴产业两项工作获国务院督查激励和奖励。

图2-4 天津滨海新区天津经济技术开发区

开展环渤海污染治理。停止新增围填海审批，妥善处置合法合规围填海项目，以控制污染源污染物为重点，协同推进近岸海域污染防治，完成非法和设置不合理入海排污口清理整治。全面落实河长制，开展入海综合排放口溯源排查，推动新港地区等老旧区域管网雨污分流改造。清理海岸线违法建筑，组织拆除违法且严重破坏海洋生态环境的围堤，完成渤海沿岸向陆一侧500米范围内生活垃圾堆放和填埋场清除，加大清理非法渔船力度。

5. 落实重大战略任务

推进京津冀协同发展。加快打造承接非首都功能疏解标志区，瞄准优质资源，强化精准对接，承接非首都功能疏解项目468个、协议投资额为2 711.9亿元。滨海—中关村科技园新增注册企业482家，协同创新示范基地投入运营，创新创业生态系统进一步优化。未来科技城京津合作示范区基础设施建设加快推进。中欧城市科研创新实验室等11个项目落户中欧先进制造产业园。航空物流区口岸大通关基地加快建设，保险产业园规模效应进一步显现。南港工业区世界一流化工新材料基地规划获批，嘉实多润滑油、亨斯迈复合材料等项目顺利推进。大兴机场燃油管线域内铺设工程全面完成。滨唐、滨沧协同发展示范产业园项目加速落地。

参与“一带一路”建设。“一带一路”建设战略支点作用持续增强。支持天津港加快世界一流智慧港口、绿色港口建设，深入实施口岸降费提效优化环境专项行动，进出口整体通关时间分别压缩74%和87%。新增4条国际干线，港口集装箱吞吐量突破1 700万标准箱。国际班列保持常态化运营。开通天津港至雄安新区绿色通道，建成京津冀港口智慧物流协同平台。推动泰达苏伊士经贸合作区提档升级。滨海国际机场新增航线26条，全年旅客吞吐量2 380万人次。

（二）2020年工作展望

1. 关键领域科技创新

以智能科技为引领，加快建设科大讯飞北方“声谷”和华为鲲鹏生态项目，推动传统产业智能化、绿色化改造，数字车间和智能工厂突破40个，积极创建国家新一代人工智能创新发展试验区。做优做强新一代信息技术产业，围绕打造自主可控软硬件全产业链，大力推动信息技术创新中心建设，促进软件定义互连芯片、高安全以太网交换芯片产业化。

2. 做实做优做强实体经济

加快打造先进制造业集群。持续放大实体经济优势，坚定不移发展先进制造业，着力建设制造业强区。推动滨海产业发展基金落地见效，制定重点支持产业目录、项目清单，加速新动能引育。加快生物医药产业集群发展，推进国家合成生物技术创新中心建设，依托中英医疗健康产业基地、九州通健康产业园等创新平台，加速医疗健康科技成果产业化，全力打造京津冀特色“细胞谷”。壮大航空航天产业规模，推动空客A350宽体客机等项目建设，加快打造世界级航天装备产业基地。规划建设滨海汽车城，构建汽车制造全产业链，聚集新能源汽车配套企业，推动国能、恒天新能源汽车投达产。大力发展新能源新材料产业，培育发展氢能产业，推动中石化LNG二期、领航润滑油等一批项目投产运营，加快PPG涂料全球研发中心建设。

3. 体制机制创新

实施“一制三化”改革2.0版，推进“一企一证”和证照分离改革，新增一批当场受理、当场审批、当场出件事项，探索工业项目“拿地即开工”审批模式，推广网上办税和“票e到家”服务，让“最多跑一次”成为常态，进一步优化营商环境。加强事中事后监管，完善守信激励、失信惩戒机制，积极创建社会信用体系建设示范城区。全面深化区属国有企业改革，组建国有资本运营公司，强化国有资产整合和资本运作，混改出清出让企业140家。全面落实减税降费各项措施，大力支持民营经济发展，真正让企业减负担、得实惠。深化农村集体产权制度改革，完善农村集体经济运营机制，激发各类生产要素活力。

4. 高水平对外开放

促进金融创新集聚发展。积极吸引金融机构总部及分支机构、新设持牌金融机构落户。加大企业上市支持力度，提高直接融资比重和资产证券化率。大力发展离岸租赁、保税租赁、联合租赁等创新业务，高水平建设国家租赁创新示范区。搭建全国性保理行业交流平台，试点开展国际保理业务。提升金融服务实体经济能力，着力破解中小微企业融资难、融资贵问题。积极稳健推进PPP融资模式，提升利用社会资本和外部资源的能力和水平。加强金融监管，严厉打击非法金融活动，积极化解政府性债务，确保不发生区域性金融风险。

5. 高标准建设管理

大力推进“立体化+智能化”的智慧滨海治理体系建设，率先应用5G、虚拟现实（VR）等新兴技术，加快建设国际性区域通信枢纽。优化全域网格化管理、8890

便民服务平台、滨海掌上行手机App一体化民生服务体系，构建“回应有速度、解决有力度、服务有温度”的滨海治理模式。完善基层社会治理机制，坚持发展新时代“枫桥经验”，健全定期排查、联合调处、包案化解、挂牌督办的矛盾化解机制。加快建立根治欠薪长效机制，切实维护劳动者合法权益。健全社会治安综合防控体系，争创全国示范城市，深入推进扫黑除恶专项斗争，积极创建“无黑”滨海。全力做好国家卫生城区复审迎检工作，打好全国文明城区创建攻坚战。

三、重庆两江新区

图2-5 重庆两江新区重庆果园港国家物流枢纽

（一）2019年工作成效

1.经济社会发展

2019年，全年两江全域GDP达到3 391亿元、占全市的14.4%；规模以上工业总产值完成4 007亿元；固定资产投资完成2 254亿元，增长13.1%、高于全市7.4个百分点。直管区GDP增长7.2%、高于全市0.9个百分点，工业产值由负转正，服务业增速达11.2%，社会消费品零售总额增长9%，固定资产投资增长12%、工业投资增长8.5%，实际利用外资30亿美元，进出口总额完成1 916亿元。经济运行逐季向好、快速攀升，高质量发展动能更加强劲。

2.体制机制创新

高标准建设三大创新平台。礼嘉智慧公园80个体验场景亮相，接待群众30万人次，其中省部级以上代表团25批次；两江数字经济产业园新引进阿里云创新中心、腾讯西南总部项目，成为中新国际数据通道首批示范园区；两江协同创新区新签约新加坡国立大学等7所高校，累计签约16所高校研究院，西工大科创中心投用并孵化企业9家。

大力度优化创新生态。率先出台高端人才住房政策，完善促进科技创新高质量发展、创业种子基金管理办法等政策，新增双创载体7家，“智汇两江”双创品牌产生广泛影响，全市唯一的“国家海外人才离岸创新创业基地”获批，赛伯乐智慧产业园、猪八戒网创业孵化基地获评全国创业孵化示范基地，双创基地建设国务院通报表彰。

3. 科学技术创新

宽领域拓展创新要素。新增市级新型高端研发平台6个、占全市3/4，市级以上研发机构累计280家；新增高新技术企业88家，有效期内高新技术企业达409家；新增科技型企业529家、增长68.7%，累计1 298家。支持5家企业在智能汽车、航空航天等领域取得6项优势技术，其中4项国际领先。专利授权量超2 800件，万人发明专利拥有量超30件。

4. 招商引资和重大项目

2019年，两江新区直管区签约项目88个，合同投资金额为1 716.23亿元，居全市第一。一是龙头项目纷纷抢滩。引进投资额10亿元以上重特大项目25个，总投资额为1 608.17亿元，占合同投资金额的93.7%，包括投资500亿元的重庆紫光母基金及存储芯片产业基地项目、投资463亿元的长安福特高质量发展计划项目、投资80亿元的奥特斯IC载板三期项目、投资56亿元的瑞声科技智能制造产业园项目等。二是项目结构持续优化。新签约制造业项目35个，投资额为1 250.73亿元，占投资总额的72.9%。三是重要外商持续加码。签约外资项目10个，合同投资金额为60.67亿美元。四是产业升级动力强劲。新签约战略性新兴产业项目77个，合同投资额超

图2-6 重庆两江新区悦来国际会展城

1 609.3亿元，涉及新能源及智能汽车、航空航天、智能制造等新兴领域。五是“以会招商”成效显著。第二届中国西部国际投资贸易洽谈会签约额为72.2亿元；第二届中国国际智能产业博览会签约额为1 413.3亿元，居全市第一；2019重庆英才大会签约额为45.6亿元。六是高端服务业快速发展。引进高端服务业项目29个，合同投资金额为375.75亿元，引领性项目腾讯西南总部、脱贫攻坚样板性项目村村旺农村电商综合服务平台、高端城市文旅项目红坊时尚之都等项目相继落户。

5. 节约集约发展

发力公园城市建设。全面提升悦来国际会展城、金山、礼嘉、照母山等片区以及鱼复、龙兴、水土园区城市形象，新建改建城市公园130万平方米，建成公园88个、在建公园28个，“百园之城”名副其实。全面推进200公里绿道步道建设。打好污染防治攻坚战，扎实抓好中央生态环保督察反馈问题整改，启动5大流域16条次级河流和23个湖库综合整治，严格落实河长制，御临河国考断面稳定达标，垃圾分类减量率达20%，空气优良天数保持在300天以上。

发力智慧城市建设。推行云长制，建成政务信息资源共享平台以及经济运行、社会综合治理等应用场景10余个。在全国率先推出“智慧工地”，《人民日报》《焦点访谈》专题报道。率先构建城市大脑，公共场所免费WiFi热点全覆盖。

6. 落实重大战略任务

参与“一带一路”建设。新区深入推进国家级新区与重庆自贸区核心区、中新示范项目核心区一体规划一体建设，在推进西部大开发形成新格局中打头阵、作先锋。全力打造“两港两中心”，努力成为全市扩大开放排头兵。一是果园港成为西部地区唯一获批的港口型国家级物流枢纽，国务院批复同意重庆港口岸扩大开放果园港区，果园B型保税物流中心通过验收。中欧（重庆）班列和陆海新通道直通班列果园港常态化发运，多式联运示范基地展厅投用，铁水联运箱、水水中转箱分别增长38%、44%。二是两路寸滩保税港外贸进出口总额超越上海洋山、天津东疆，列全国14个保税港区第二，实现海关监管货值283亿美元、占全市的43%，保税展示交易引进国家特色馆累计22家，创建全国第一家保税旅游体验4A级景区，京东全球首家超级体验店开业。三是江北嘴内陆国际金融中心加快江北嘴金融科技港建设，揭牌中新金融科技示范区，入驻20余家金融科技企业和机构。四是悦来国际会展中心成功举办中国国际智能产业博览会、中国西部国际投资贸易洽谈会、中新金融峰会等展会活动362场次，有435万人次参展，实现展会收入3.3亿元，同比增长近30%。

（二）2020年工作展望

1. 关键领域科技创新

加快壮大两江数字经济产业园，力争数字经济增长超20%，开放应用场景并建设一批数字经济应用场景；优化更新礼嘉智慧公园，打造更加丰富的体验场景，助力全市建设“智慧名城”；加快两江协同创新区建设，完善基础功能，力争新签约科研机构5家、实现产业化项目10个。打响“智汇两江”双创品牌，加快推进中国科学院大学重庆学院建设，依托产业联盟举办系列行业发展论坛，出台差异化人才政策，大力培育细分领域行业龙头和隐形冠军，力争高新技术企业达到450家以上。加快建设“国家数字经济创新发展试验区”核心区，出台支持数字经济发展政策，建设“云联数算用”要素集群，推动云计算产业园服务器能力达到30万台，支持中移物联网、马上消费等企业开展工业互联网、区块链等关键核心技术攻关。

2. 做实做优做强实体经济

提速新旧动能转换。加大招商引资和项目落地工作力度，围绕高端高质高新产业，瞄准世界500强、中国100强企业，以及北上广深、新加坡等企业总部聚集区，开展延链、补链、扩链、强链招商，力争全年招商引资签约超1 500亿元。加快项目落地转化，促进上汽红岩扩能、德燃动力、四联两江等一批签约项目早开工，加快京东方第6代柔性屏生产线、联想云网融合项目、紫光华智数字工厂、长安福特高质量发展计划、东湖高新等近10个重点项目建设进度，确保神华薄膜、瑞声智能制造产业园、京东方模组、联创电子三期、中联重科等近20个重点项目如期投产。

加快构建现代产业体系。推进工业转型升级，支持汽车企业投放新产品和开拓市场，推动长安福特、长安股份、上汽红岩放量生产，带动汽车产业增长10%以上；加快紫光存储芯片等项目建设，推动万国半导体、奥特斯等释放产能，提升智能终端中高端产品份额，推动电子产业增长5%；壮大高端装备、生物医药、航空航天等战略性新兴产业，新开工西南药业两江基地、昭衍新药等项目，推动ABB公司搬迁技改、中船西南研究院、康明斯大马力发动机等项目加快建设，支持全球低轨卫星、极泽生物和零壹火箭等项目发展；推进消费品工业增品种、提品质。大力发展现代服务业，抢抓重庆建设国际消费中心城市机遇，大力发展各类新零售业态，加快建设金山、金州、寸滩以及礼嘉和龙兴天街等商圈和国际邮轮母港；加快发展金融、物流等生产性服务业，提升发展文旅、养老育幼等生活性服务业。完善产业扶持政策，全面落实减税降费政策，解决企业融资、用地以及人才及家属的教育、医疗等难题。

3. 体制机制创新

加大先行先试力度，推出一批首创性、差异性的改革举措，持续推动企业降本减负，增强企业获得感；持续推进财税体制改革，完善预算制度，全面实施绩效管理；深化国资国企改革，推动国有经济布局向战略性新兴产业、公共服务领域聚焦，细化国资考核体系，强化财务监管力度，优化基金管理机制；积极化解政府隐形债务，力争化解率达45%；对标世界银行营商环境评价体系，深入推进11个专项领域改革，比肩北京、上海打造国际一流营商环境。

4. 高水平对外开放

加快建设两大核心承载区，推动中新互联互通项目开展体制机制和政策创新，加快中新国际数据专用通道建设，强化果园港与新加坡港“双枢纽港”联动；借鉴自由贸易港“六个自由”做法，推进自贸试验区的改革探索，建设自贸社区服务中心。更好打造“两港两中心”，建设好果园港港口型国家物流枢纽，推动果园港与国际物流枢纽园区、航空物流园、公路物流基地顺畅衔接，加快中新多式联运示范基地建设，构建多式联运体系；加快两路寸滩保税港区加工贸易转型升级，拓展研发、维修、贸易、结算等产业链，加大高端消费品产业发展，推动智慧制造研发类项目落地；加快推进江北嘴金融科技港建设，争取举办“智博会—江北嘴金融科技展”和试点“中新通”跨境融资平台；悦来围绕建设内陆国际会展名城，加快会展酒店群和“智博村”建设，完善配套功能，承办更多国际性展会。

5. 高标准建设管理

坚持产城景融合，依托照母山片区优化提升，规划打造两江城市中心，将两江大道打造成“智慧大道、智造大道”；以“生态+”理念，优化照母山公园、礼嘉智慧公园功能定位，空气质量优良天数达300天以上，生活垃圾回收利用率超35%，加快建设智慧城市和公园城市样板。加快学前教育普惠发展，投资9亿元新建公园小学、腾芳中学等8所学校，积极创建国际教育示范试验区。加快文化体育事业发展，推动市青少年活动中心、两江文化中心、两江足球赛事中心等重点项目加快建设。实现直属街道“更高质量就业”创建全覆盖，推进“智慧社区”建设，加大社会治安综合治理和安全生产监管力度，有效防范社会领域风险。

四、浙江舟山群岛新区

图2-7 浙江舟山群岛新区外钓油品码头第一次接收油品

（一）2019年工作成效

1. 经济社会发展

2019年，浙江舟山群岛新区持续打好“五大会战”，积极建设“四个舟山”，实现经济社会平稳健康发展。全市实现地区生产总值增长9.2%，规模以上工业增加值增长43.2%，固定资产投资增长8.6%，港口货物吞吐量5.35亿吨，旅游总收入增长11.9%，外贸货物进出口额增长15.7%，城镇和农村居民人均可支配收入分别增长8.6%和8.8%。

2. 科学技术创新

科技创新水平持续提升。浙江海洋大学成立全省首个5G海洋联创中心。2019年新培育2家市级科创园区、3家市级众创空间，2家省级星创天地获批立项。“5313”行动计划科技创业领军人才项目落户25个。

3. 招商引资和重大项目

舟山绿色石化基地项目一期建成投产，乙烯芳烃全产业链打通，二期项目加快推动建设，力争2021年上半年投产。中澳现代产业园澳牛进境加工项目累计完成投资18.95亿元，加快推进口岸开放材料准备。黄泽山石油储运贸易基地项目一期151万立方米地面储罐项目各专项验收已通过，航道具备25万吨级通航能力，项目可开港投运。甬舟铁路工程可行性研究报告力争2020年底获批，项目争取2021年底前开工建设，甬舟铁路高速复线工程可行性研究及专题研究全面启动。大陆引水三期工程加快调蓄水库工程和岛际引水工程。普陀山机场改扩建工程预计年底前基本完工，国际航站楼二期主体结构加快建设。

4. 节约集约发展

产业转型升级继续发力。港航产业方面，不断提升港口综合枢纽能力建设，全面实施“岸线论英雄”改革，启动“低小散”港口岸线专项整治工作；推动30家企业组建新区首家成品油运输联盟；跃升为全国规模最大的混配矿基地；完成港口货物吞吐量5.35亿吨，增长5.5%，海运运力保有量769.2万载重吨。船舶修造方面，持续推广船舶精益生产管理办法和绿色修船技术应用，鼓励承接非船项目订单，大力开展脱硫塔改造业务，长宏造船、华丰船舶、友联造船等企业通过合作重组，产能明显释放。

5. 落实重大战略任务

推进长三角一体化。深化自贸区油气全产业链发展，全球能源与大宗商品价格评估机构阿格斯发布舟山保税船用燃料油价格指数，初步形成保税船用燃料油“舟山价格”。加快建设舟山江海联运服务中心，完成江海联运量2.37亿吨，增长12.2%。江海联运公共信息平台2.0版上线运行，全程物流平台推广应用，平台辐射区域已延伸至长江中上游及中西部地区，与张家港初步实现江海联运、口岸通关等数据的对接应用，探索形成宁波舟山港—川渝地区粮食“散改集”江海铁多式联运模式，全国首个海港铁路集装箱无轨站落户舟山。主动融入长三角一体化、甬舟一体化发展，召开市委全会，对推进长三角一体化发展工作进行专题部署。建立推进长三角一体化发展工作领导小组，市委书记任组长、市长任第一副组长，领导小组办公室设在市发改委，并结合舟山实际设立洋山合作、自贸联动、交通畅达、港航协同、产业对接、科技人才6个专题组。

参与“一带一路”建设。依托舟山国家远洋渔业基地，逐步形成渔业产业集群集聚效应优势。与肯尼亚、伊朗、安哥拉、阿根廷、库克群岛、基里巴斯等国家开展渔业合作，组建秘鲁南美服务中心，完成100余艘远洋渔船欧盟卫生注册申请改造，建立严格的远洋自捕水产品可追溯体系。依托鼠浪湖、马迹山等铁矿石码头，加快建设亚太铁矿石分销中心，浙江省海港集团与淡水河谷达成重大合作。成功举办第三届世界油商大会和2019海岛旅游大会，世界油商大会签约重大项目21个，涵盖了石油化工、油品贸易交易、海事服务、LNG综合利用等产业，国际海岛旅游大会吸引了美国、斯里兰卡、塞舌尔、希腊、印度尼西亚、挪威、韩国等25个国家和地区代表团，近千名中外专业嘉宾参会，大会形象宣传片亮相美国纽约时代广场。积极拓展对外交流，舟山渔民画亮相德国、葡萄牙、南非等地，参加“美丽中国　诗画浙江——浙江省非物质文化遗产展”。

图2-8　浙江舟山群岛新区新奥LNG项目迎来首艘液化气船

（二）2020年工作展望

1. 关键领域科技创新

创建高能级创新平台，提升科技平台发展能级，重点抓好以海洋生物产业为主的公共试验平台建设，打造全省一流的海洋生物产业中试基地。引育科技创新人才，聚焦海洋特色产业领域，通过“5313”行动升级计划、海外引智计划等积极引育

“高精尖”人才，扩大对外交流，加快高层次外国专家的集聚，精准攻关“卡脖子”难题。加大对接与合作深度，重点对接宁波材料所和中国兵器工业集团试验测试研究院，推进与上海交通大学、上海同济大学、上海海洋大学在海工装备、海洋新材料等领域的科研合作。探索在上海或宁波建立企业研发“飞地”。

2. 做实做优做强实体经济

石化及下游产业链方面，确保浙石化一期尽快达产，二期项目加快建设，争取新增140万吨/年乙烯项目获批。继续完善鱼山石化基地三期实施方案。加快沙特阿美收购浙石化9%股权进度。积极推动奥升德、杜邦、BP醋酸及下游产品生产项目。统筹全市石化下游产业布局。

船舶及装备制造产业链方面，加快促进船舶企业合作重组，继续推进常石集团豪华邮轮生产加工基地项目、浙江友联海工产业转型项目、长宏国际LNG运输加注船项目，推动船企承接桥梁、钢结构、石化设备、风电装备等非船装备制造订单。

海洋旅游业方面，推进全域旅游建设，创建国家、省全域旅游示范区。以深入推进海岛公园建设为抓手，在游船游艇、跳岛游产品等方面取得突破，做好海岛特色精品体育赛事的引进和筹办，加快推进禅意小镇、保利小镇、极地海洋世界等重大项目。

数字经济产业方面，完成螺杆行业工业互联网平台建设并推广应用，在水产加工业、汽配行业开展工业互联网试点。推进数字自贸区、城市大脑等六大标志性引领性项目取得实效。大力推进5G技术在制造业中的应用。继续实施百项以“机器换人”和智能化为重点的技术改造项目。

传统产业方面，深化国家远洋渔业基地建设，推进远洋渔业南极磷虾项目有实质性进展。完成100艘远洋渔船欧盟卫生标准注册。推进国家绿色渔业实验基地建设。推进平太荣集团、丰宇公司的生物制品研究与产业化技术改造项目和海欣食品海洋肽研发生产等项目，推进兴业、海力生生物医药产品研制和规模化生产。全力实施金塘塑机螺杆产业高质量发展实施方案，大力推进汽配制造企业技术改造，打造汽配制造智能化车间。

3. 体制机制创新

打造最优营商环境，实现一般企业投资项目从赋码备案到竣工验收的审批时间“最多80天”。持续推用投资项目在线平台3.0，全面实现以“数据跑”替代“企业跑”。全面深化投资项目行政审批中介服务，逐步健全“网上中介超市”。积极融入全省“标准地”数字地图建设，探索“标准地”向农业、生产性服务业项目延伸。

4. 高水平对外开放

全力推动自贸试验区建设。全面推动赋权方案落地实施，深化研究浙江自贸区2.0版。推进与上海期货交易所实质性合作，开展大宗商品现货交易的标准仓单业务。试点开展LNG加注业务，提升成品油进出口和船用燃料油贸易等大宗商品领域人民币结算比重。加强与长三角自贸区在口岸通关和海事管理方面的相互协作。加快推进国际油气储运基地建设，完成沙特阿美入股浙石化并设立贸易公司、中石化LNG接收站项目核准等工作。

五、兰州新区

图2-9 兰州新区栖霞湖

（一）2019年工作成效

1. 经济社会发展

2019年，兰州新区地区生产总值增长17.1%，其中工业增加值增长22.5%，限额以上批发业销售额达到1 100亿元以上、增长39.1%。税收收入实现31亿元、增长22.6%。社会消费品零售总额实现40.2亿元、增长10%。固定资产投资增长13.12%，其中工业投资增长51.4%。

2. 体制机制创新

机构改革提升效能。按照产城融合发展的思路，学习借鉴深圳等地在行政管理体制改革方面的经验做法，以“小政府、大部制、大社区、大服务”为原则，建立了“管委会—园区管委会—乡镇”三级管理体制，管委会负责新区开发建设全面工作，侧重于宏观决策、规划建设、目标管理等；各园区管委会主要承担园区内经济发展、项目服务、城市管理、招商引资等职能；各乡镇主要履行社会治理和发展保障方面的职能，有效破解了管理层级多、职责交叉、效率不高等问题。

审批改革领跑全省。全面推行“承诺制、零收费、信息化、代办制”，实行“区域评估、多评合一、多图合一、多验合一”精简审批，创新“容缺登记”“工位注册”“一照多址”，企业开办时间压缩至1个工作日，项目审批时间压缩至26个工作日，项目落地时间缩短1/5，企业签订承诺书即可开工建设，户均节约前期成本300万元以上。推进“不见面”改革试点，全面取消项目备案前置，全程实现网上办理。探索新兴产业包容审慎监管，73种首次轻微违法行为免予行政处罚。

政务服务优质高效。在全省率先建立电子证照、电子印章、企业云档案等“一体化政务服务”系统，电子政务协同办公系统上线运行。新区各部门集中入驻中川商务中心办公，群众和企业办事更省心。

3. 招商引资和重大项目

精准定位招商方向。制定兰州新区招商引资项目导则和项目指引，明确将装备制造、绿色化工、生物医药、电子信息、新材料、新能源、大数据等产业作为新区主导产业和招商重点方向，针对重大项目和龙头企业开展延链、补链、扩链、强链招商，做到招商引资有方向、有目标、有思路。

创新招商引资模式。探索开展股权招商新模式，将招商引资的方向瞄准资本市场，筛选一批具有核心技术、成长性高、市场前景好的企业，在深圳、上海、北京等创投、风投、私募基金富集地区开展股权投资基金招商推介会，把优质企业推荐给股权投资机构，实现企业与资本有效对接，推动企业快速做强做大。同时，积极开展委托招商、驻点招商、以商招商、一对一上门招商，针对重点产业开展招商活动300多次，紧盯行业龙头、产品龙头、技术龙头企业，新引进产业类项目136个、完成签约额660亿元、到位资金296亿元。

凝聚合力齐抓招商。制定《兰州新区招商引资专项奖励办法》，探索建立“管委会统筹协调，各部门全面支撑，各园区主导推进，全社会广泛参与”的招商体系。同时，将招商引资任务纳入绩效考核，进一步激发招商动力，凝聚全员抓招商的浓厚氛围。

提升招商服务效率。建立了代办服务制度，按项目组建服务团队，为招商引资项目提供“一条龙”“保姆式”服务。招商数量、落地速度、投资额度、建设周期、投产项目创历史新高。投资150亿元的绿地中国丝路国际科技会展中心·产业园区项目，自接洽到签约拿地仅用3个月；投资30亿元的兰州康鹏威尔化工有限公司产业项目，从考察到开工仅用47天，从洽谈到建成试生产仅用半年时间。

4. 节约集约发展

国土空间管理科学高效。启动国土空间规划编制，创新土地供应方式，全力保障重大项目和产业用地，完成土地征收9 724亩、储备2.1万亩、供应2.7万亩、开发整理2.2万亩。

城市管理智能精细。智慧城市政务云平台、运营中心等一期9个子项目建成运营，网格化综合管理、应急指挥平台等11个子项目启动建设。举办2019新型智慧城市峰会，新区智慧城市标准引领新潮，荣获“2019年中国领军智慧城区”。“宽带中国”示范城市和5G试点城市加快建设，布局5G网络基站100个。

生态环境大幅改善。积极探索黄河上游黄土高原地区生态治理、高质量发展新路径。一体推进生态建设、产业发展、城市建设，新增绿化面积3万亩，城市绿地率35%、达到国家园林城市标准，空气优良天数达330天，达标率95%。水土流失治理程度不断提高，建筑、生活垃圾分级分类处置，饮用水源地水质达标率、垃圾无害化处理率、污水收集处理率全部达到100%。获评“2019绿色发展优秀城市”。

5. 落实重大战略任务

黄河流域生态保护和高质量发展。创新黄河上游生态脆弱区生态修复模式，通过把垄丘缓坡修复成高标准农田、生态用地等方式，系统性解决干旱、风沙、盐碱、水土流失等问题，走出一条生态修复与现代农业、生态产业、城市绿化协同发展、同步推进的新路子。

参与“一带一路”建设。综合交通体系加快构建。连接兰新、包兰两大铁路干线的联络线及配套场站基本建成；兰州至张掖三四线中川机场至武威段、中兰（中卫至兰州）客专加快建设。兰州中川国际机场已开通240多条国内国际航线。兰州新区空铁海公多式联运示范工程项目成功获批国家第二批多式联运示范工程。兰州（含兰州新区）获批陆港型国家物流枢纽。进出口贸易倍数增长，兰石集团获评“国家级外贸转型升级基地”。

图2-10 兰州新区综合保税区

（二）2020年工作展望

1. 关键领域科技创新

加快创新平台建设。完善创新平台服务功能，加快建设先进装备制造、化工新材料、合金新材料、信息产业研究院等高新技术产业化基地，支持新希望、德福等优势企业创建国家和省级基础科研平台，建立一批创新联盟，培育形成多层次科技创新和产业发展主体。

加速创新成果转化。以大科学装置创新创业产业园、“专精特新”化工新材料产业园、合金新材料产业园、现代农业示范园等一流科技创新产业转化平台为中心，以技术入股、成果转让、自主创业等方式，吸引更多科研院所、院士专家学者与科研平台、企业合作，将其技术成果在新区快速转化，形成新产品、新企业、新产业。

2. 做实做优做强实体经济

抢抓东中部地区产业转移的机遇，聚焦十大生态产业，围绕产业链节点不断补齐拉长产业链条，加快形成上下互补、内部循环的产业链生态，培育形成一批特色产业集群。绿色化工产业方面，建设“专精特新”化工新材料专用厂房200座以上，引进培育企业150家以上，完成投资100亿元以上，生产产品300种以上。有色金属新材料产业方面，德福铜箔二期、年产10万吨高导新材料、年产20万吨高档铝箔等项目建成投产，推进高强度铝合金新材料、稀土、电镀等新产业项目落地，以形成新的经济增长点。

3. 体制机制创新

创新开展绿色金融改革。创新绿色信贷、绿色债券、绿色基金、绿色保险等政策、机制、产品、服务，吸引各类金融机构入驻新区，成立新区法人商业银行，设立新区绿色发展专项基金，引导创投、风投、行业基金、私募基金等社会资本向新区流动，支持绿色产业发展。

着力深化“放管服”改革。继续推广电子证照、电子签章应用，深化容缺受理，持续扩大代办服务覆盖面，为企业提供套餐式集成服务。进一步完善“互联网+政务服务”运行管理体系，推行政务服务“好差评”制度，全面开启“掌上办”“指尖办”“指尖评”等服务新模式，大幅提升政务服务便捷度。

4. 高水平对外开放

强化区域合作。深化与东部地区建立精准承接制造业产业转移长效机制，积极谋划与其他国家级新区共同搭建招商引资平台，开展联合招商，形成规模效应，提高引资水平。进一步发挥国家级平台示范引领作用，打造高质量发展先行示范区。

激发开放平台活力。建设临空经济试验区，加快发展航空物流、服务保障、高端服务业等临空经济。推动综合保税区高质量发展，大力发展进口农产品、电子产品、木材、地方特色产品加工产业，探索开展进口汽车等业务，支持区内企业发展跨境电商零售进出口业务，提升开放层次和水平。

5. 高标准建设管理

完善城市基础设施。高效服务保障重大交通项目建设，打造新区、兰州、白银“半小时交通圈”。建设城市水系，有效保障生产、生活、生态用水。统筹城市空间色彩、立面平面、天际线、灯饰亮化等风貌管理，完善公交、公厕、停车场服务功能，提升城市品位。

推进生态建设和保护。抢抓黄河流域生态保护和高质量发展机遇，大力实施全域土地综合整治和生态修复，加快建设黄河上游水土保持及生态修复示范区。加快建设北部防护林区、外围环状林带、交通干线生态绿廊、城市内绿化纵横网、公园湖系点片结合的生态体系。稳步实施造林绿化、空闲地复绿等生态绿化工程。提升秦王川国家湿地公园、栖霞湖、百花园及城市主干道绿化品质，形成湿地、绿廊、花海相连贯通的“城市绿肺”。

六、广州南沙新区

图2-11 广州南沙新区蕉门河中心区

（一）2019年工作成效

1. 经济社会发展

2019年，全区实现地区生产总值1 683.23亿元，同比增长10.5%；规模以上工业产值2 586.66亿元，同比增长6.5%；固定资产投资754.58亿元，同比增长28.3%；一般公共预算收入84亿元，同比增长11.72%；其他营利性服务业营业收入190.63亿元，同比增长99.5%；外贸进出口总值2 137.8亿元，同比增长3.4%。全区新设企业45 798家，同比增长20.6%，新增注册资本2 584亿元。顺利完成第四次全国经济普查工作，第三产业增加值首次超过第二产业，占全区经济总量超过五成，2019年三次产业结构为3.3∶42.1∶54.6，经济发展有速度、有质量、有效益。

2. 体制机制创新

贸易便利化改革走在全国前列，全力打造国际贸易规则新高地。累计形成180项改革创新成果，其中40项为全国首创，建成“线上海关”样板间，打造智能海港保税分拨监管新模式，创新提出“1+N”保税监管理念，企业办事效率提高80%以上。擦亮全球溯源体系、全球优品分拨中心等多个“金字招牌”。

建立便捷、高效的投资管理体制，全力打造国际一流营商环境。实施“一口受理6+X”企业开办模式，实现最快10分钟办理营业执照，在全国率先开展商事登记确认制改革并入选2019年度市场监管总局激励名单。印发实施深化营商环境改革三年行动计划（2020—2022）。

“放管服”改革取得新进展新突破，全力构建以推进治理能力现代化为核心的政府服务管理体系。打造全国首个“无证明”自贸区。全域综合行政执法改革走在前列，70%政务服务事项（1 283项）实现“零跑动”。率先全面推行电子发票和区块链电子发票，实现出口退税3日内办结，增值税一般退税1天办结。在全国率先自主研发“微警认证”应用服务平台。在全国率先全面推行“交地即开工”模式。

国际化法律服务体系逐步完善，全力构建多元商事纠纷解决机制和粤港澳司法规则衔接体系。在全国率先引入港澳籍陪审员，率先建立虚假诉讼失信人制度。全国首创“属实申述”“社会服务令”改革举措。首家粤港澳联营律师事务所落户广州。大湾区暨“一带一路”法律服务集聚区挂牌，已集聚中国南沙国际仲裁中心等30家法律服务机构。

3. 创新平台建设

高标准规划南沙科学城，中国科学院力学研究所广东空天科技研究院、广东智能无人系统研究院、中国科学院南海海洋研究所、中国科学院广州分院、中国科学院大学广州学院5个重点项目已正式开工建设。依托中国科学院力量，加快集聚重大科研项目和重大基础平台，聚焦深空、深海、深地等领域的基础研究，解决关键核心技术“卡脖子”问题，实现自主创新。

推动新型研发机构集群发展壮大，继续支持香港科技大学霍英东研究院发展，积极开展省级新型研发机构申报指导工作，成功推动区内4家科研院所及企业获得认定，累计达13家。建设华南技术转移中心，打造综合性技术转移转化高端枢纽平台，2019年华南技术转移中心已形成35名海内外高层次高素质人才运营团队，已吸纳近300家科技服务机构入驻。

完善多元科技金融服务体系，制定科技信贷风险补偿资金池项目的贷款利率补贴、科技保险补助等政策，做大做强南沙创投引导基金，着力拓宽科技成果融资渠道。

深化粤港澳科技合作，推进粤港澳（国际）青年创新工场、粤港澳台高校创新创业联盟等平台建设，推动国家超级计算广州中心南沙分中心为港澳及海外团队提供服务。

4. 招商引资和重大项目

2019年安排了201个重点项目，共完成投资1 056.9亿元，超前计划目标106.7亿元，加快庆盛枢纽等重点片区开发、支撑大交通综合网络、香港科技大学（广州）等基础设施项目建设，推进恒大新能源汽车、广汽丰田产能扩建等产业投资，稳定房地产投资增长，优化企业服务。

制定《关于促进南沙区外贸稳定发展的若干工作措施》，加强外贸项目的引进力度、稳定市场采购规模、扩大跨境电商进口规模、培育出口集拼新增长点等，同时做好重点企业“一对一”帮扶，应对中美贸易摩擦。

进一步加大招商引资力度，用好举办国际金融论坛（IFF）全球年会、CNBC全球科技大会等国际性会议机会，拓展全球招商网络，围绕先进制造、创新科技、生物医药、港航物流等重点产业方向开展靶向招商，2019年实际利用外资18.6亿美元，同比增长91.2%；合同利用外资300.3亿美元，同比增长8.4%。

5. 节约集约发展

制造业产业走向集群化发展。着力打造千亿级汽车产业集群，以广汽丰田整车项目为龙头，以新能源汽车项目为扩展，以智能网联汽车为发展方向，打造完整产业生态链。着力打造装备制造产业集群，聚集了东方重机、中船重装、海瑞克等一批拥有自主研发核心技术的核电、轨道交通等重型装备制造企业；以龙穴国家级造船基地为核心，形成集造船、修船、海洋工程、邮轮及船舶相关产业于一体的船舶及海洋工程装备产业集群；以大岗先进制造业基地、万顷沙保税港加工制造业基地、庆盛“智谷”创新总部集群产业园为载体，规划建设智能制造产业基地。聚焦IAB（新一代信息技术、人工智能、生物医药）和NEM（新能源、新材料）产业，启动奥翼电子柔性显示总部及研发生产基地等项目建设，带动第三代半导体、电子纸、物联网等产业领域持续发展，人工智能价值创新园集聚了180多家人工智能知名企业和人才团队，产值规模达24亿元。

6. 落实重大战略任务

推进粤港澳大湾区建设。积极落实《粤港澳大湾区发展规划纲要》，粤港澳全面合作示范区建设成效明显。推动南沙科学城建设粤港澳大湾区综合性国家科学中心主要承载区，粤港深度合作园、粤澳合作葡语国家产业园抓紧推进，新鸿基庆盛枢纽站场综合体、香港科技大学（广州）等项目开工建设，粤港澳院士专家创新创业联盟已经落户，组建大湾区首家博士后公共研究中心，设立3个海外人才协同创新中心。新设港澳企业824家（累计3 706家），投资额433亿美元（累计1 235.4亿美元）。编制实施首批26条与港澳规则衔接工作清单，推出342项“湾区通办”政务服务事项，建立全国首个常态化粤港澳规则对接平台。出台港澳人才专项扶持奖励政策，成立全国首个“大湾区国际人才一站式服务窗口”，粤港澳（国际）青年创新工场、粤港澳青年文创社区“创汇谷”入驻215个粤港澳青创团队。

参与“一带一路”建设。组织召开“一带一路”基地建设座谈会，推动建立粤港澳大湾区国际产能合作联盟，谋划推进中国企业走出去综合服务基地建设。落户中国铁建国际投资总部、中国铝业海外发展公司等央企下属国际业务总部，发挥央企骨干企业在“一带一路”建设中的引领作用。与马来西亚槟城州签署邮轮旅游合作备忘录，与韩国相关部门和机构签署邮轮旅游医疗观光合作谅解备忘录。

图2-12 广州南沙新区邮轮母港

（二）2020年工作展望

1. 关键领域科技创新

着力推进科技创新，加快建设大湾区国际科技创新中心重要承载区。深度参与广深港澳科技创新走廊建设，完善政策体系，鼓励支持基础研究、应用研究，促进科技成果转化孵化，打造大湾区科技创新策源地和人才高地。加快南沙科学城建设，强化粤港澳联合科技创新，营造一流创新环境，创建国际化人才特区。

2. 做实做优做强实体经济

着力构建现代产业体系，加快打造大湾区产业新高地。突出总部经济、数字经济、绿色经济、海洋经济发展导向，面向全球集聚资源要素，修订优化“1+1+10+N”产业政策体系，加大招商引资力度，实施龙头项目精准招商，优化企业服务，加快建设一批具有竞争力的产业集群。大力推进先进制造业提质增效，积极发展战略性新兴产业，高端高质发展现代服务业，创新发展现代都市农业。

3. 体制机制创新

推动体制机制创新取得新突破。加强创新集成，最大限度发挥改革创新的驱动作用，推出更多具有引领示范效应的制度创新成果。对标世界银行和国家营商环境评价体系，实施营商环境改革三年行动计划，力争在商事制度改革、贸易便利化、市场监管等领域实现新突破，打造内地与港澳规则相互衔接示范基地，设立营商环境国际交流促进中心。加快建设实体化全球溯源中心、全球报关系统、全球优品分拨中心，引领国际贸易数字化创新发展。

4. 高水平对外开放

着力扩大对外开放，加快提升高水平对外开放门户枢纽功能。聚焦国际航运、贸易和金融服务等枢纽功能，打造一批重大开放合作平台，强化对高端资源要素的集聚辐射带动效应，推动实现更深层次、更宽领域、更大力度的全方位高水平开放。提升国际航运枢纽能级，打造新型国际贸易枢纽，建设金融业对外开放试验示范窗口，加强与港澳周边区域合作。

5. 高标准建设管理

着力提升城市功能品质，加快建设绿色智慧宜居的广州城市副中心。对标国内外先进城市，高水平推进城市规划建设管理，合理安排生产、生活、生态空间，走内涵式、集约化、绿色化的高质量发展路子，努力创造宜居宜业宜游的优质生活圈示范区。推进城市规划建设上水平，推进大湾区“半小时交通圈”建设再提速，更大力度推进城市更新、拆违治水，推进公共服务更优质，推进城市管理更精细更智慧，推进绿色发展示范区建设更宜居。

七、陕西西咸新区

图2-13 西安咸阳国际机场鸟瞰

（一）2019年工作成效

1. 经济社会发展

2019年，陕西西咸新区地区生产总值和固定资产投资分别增长10.6%、10.3%；一般公共预算收入完成71.85亿元、同比增长38.3%，其中税收占比86.8%，连续两年保持两位数增速，位居省、市前列，成为最大亮点。实际利用外资4.27亿美元、引进内资799.33亿元，进出口贸易总额实现15亿元；新登记市场主体59 106户、总量突破13万户；新增“五上”[①]企业125家。

① “五上”企业是现阶段我国统计工作实践中对达到一定规模、资质或限额的法人单位的一种通俗称谓，包括规模以上工业、有资质的建筑业、全部房地产开发经营业、限额以上批发零售业和住宿餐饮业、规模以上服务业法人单位。

2. 体制机制创新

着力加快双创培育。通过搭平台、引项目、育动能、建体系、造氛围持续深化双创，重点建立同方西部总部基地、西咸同方丝路未来创新研究院、清控科创商业航天创新中心等创新平台，累计建设众创载体50个，新增各类科技型企业410家，引进创新创业团队106家、国内外各类人才1 600多名，西咸新区双创经验入选“全国双创示范基地创新创业百佳案例”。

协同推进试点示范。推进自贸、服贸等10多项国家级试点示范多试联动。全年自贸试验区新增企业3 787家、同比增长99.21%，其中新增外资企业61家、同比增长117.86%。微信办照等4项自贸案例在全国复制推广，国际高层次人才“一站式”服务平台等18项自贸案例在全省复制推广。公共资源交易领域改革走在全国前列。

做好人才服务保障工作。依托西咸新区（国家级）人力资源产业园，通过创新构建“一站通”人才专办服务体系、搭建“互联网+”招才引智系统、构建境外高端人才居家金融服务体系等，着力优化人才服务水平。西咸新区高层次人才一站式服务平台获商务部等11个部委向全国获得复制推广，人才服务工作获得20国63名人力资源官点赞。

3. 招商引资和重大项目

精准发力招大引强。始终坚持“一把手招商”，全年新引进世界500强企业2个，100亿元以上项目6个，10亿元以上项目51个。京东健康西北区域总部、寒武纪西部总部、东岭集团西北总部、日海智能西北总部、维谛技术亚太区中心等一大批项目

图2-14 陕西西咸新区沣东自贸新天地

相继落户，全球最大的连锁便利店7-ELEVEn西北总部当年签约、当年落地，在西安门店已扩展至21家。

强化重点项目支撑。新区317个重点项目完成年度投资的133.4%，其中157个产业类项目完成年度投资的137.9%，东航赛峰飞机起落架深度维修、中国中药产业园、圣阳机械专用车等项目顺利竣工。宝能汽车厂房主体全部完工，恒大童世界项目加快推进，三一西安产业园、华侨城欢乐谷等一大批重点项目开工建设。

4. 节约集约发展

创新城市发展方式。始终牢记习近平总书记关于“发挥西咸新区作为国家创新城市发展方式试验区的综合功能”重要指示精神，全力提升城市建设品质，精心组织编制国土空间总体规划，推进城市规划、土地利用规划等深度融合。试点“开发单元”综合规划，基本做到“将每寸土地都规划得清清楚楚再出让”。发布了全国首个创新性的规划建设品质标准，严格执行建筑方案比选制度。全面推行海绵城市、中深层地热无干扰供热技术，已建成海绵型园区320万平方米、海绵型道路80余公里、海绵型公园绿地200万平方米，推广中深层无干扰地热供暖267万平方米、实施装配式建筑48万平方米，沣西新城获批联合国教科文组织“全球生态水文示范点”。

建设优美生态环境。制定实施《西咸新区2019年生态环境建设计划》，统筹推进规划方案、生态绿化、水系建设、污染防治、能力建设五大类118个项目建设，生态颜值更加靓丽。持续开展建园扩绿，完成幸福公园一期、汉溪湖公园、渭柳公园等25个公园建设。2019年新增绿化面积1 189万平方米，绿地面积累计达到5 280万平方米，基本实现“300米见绿，500米见园”。统筹推进河湖修复，科学实施水系规划，统筹推进流域综合治理、护岸防洪和生态修复。整治河道12.5公里，新河入渭口生态治理、沣河综合治理（沣景路—天府路）等5个项目全面完工，沣河湿地生态修复理念和治理经验在全市推广。探索污染防治攻坚新路径，初步建成集环境管理、应急指挥、综合决策于一体的“智慧环保监管平台”；率先完成汾渭平原首份大气污染源排放清单编制，研发应用管控决策系统，开展臭氧敏感性分析和PM2.5在线源解析，指导大气污染防治；新区五条河流全面应用无人机巡检技术，提升河道及排污口巡查效率和监督效能。地表水水质提升明显，渭、沣、泾、太平河四河水质明显优于上年。总量减排任务全面完成，空气优良率实现历史新高。

5. 落实重大战略任务

参与“一带一路”建设。大力发展枢纽经济，经省政府同意，省发改委正式印发《西安临空经济示范区发展规划（2019—2035年）》，空港综合保税区成功获批。西安咸阳国际机场全年新开国际客运航线19条，旅客吞吐量达到4 722万人次；新开和加密全货运航线10条，货邮吞吐量突破38万吨，增长22%，增速居全国十大枢纽机场第一位。省内首条第五航权客运、货运航线顺利开航，保税航油业务正式启动运营。

（二）2020年工作展望

1. 关键领域科技创新

大力实施创新驱动战略。全力抓好中国西部科技创新港、西工大翱翔小镇、西农未来农业研究院等重大创新平台建设，高标准启动建设西安丝路科创谷，实现宝能创新研究院实体化运行。发挥企业创新主体作用，引进科技型中小企业、科技小巨人企业、高新技术企业分别不少于200家、50家、40家。设立军民融合产业基金，引进军民融合企业20家以上，创建国防科技工业军民融合创新示范基地。完善科技成果转化、知识产权保护、技术交易服务等支持政策，打造至少3个融政府服务、金融服务、孵化转化为一体的创业街区或创业广场。

2. 做实做优做强实体经济

大力发展大健康产业。抢抓疫情过后大健康产业必将快速发展的机遇，依托新区佰美基因、国联质检迪安生物医药、国家分子医学转化中心等检验检测龙头企业，加快培育医疗检验检测集群。联合京东健康西北区域总部，持续优化线上问诊、复诊购药、用品配送等服务，探索发展“互联网+”健康服务。推行新型医疗健康模式，积极发展医疗旅游、康体养生、养老服务、“互联网+大健康”等行业，搭建完备的医疗健康文化旅游产业链。

加快发展人工智能产业。推动人工智能和实体经济深度融合，加快三一西安产业园建设，支持陕西树根工业互联网研究中心发展，开展工业互联网核心技术、标准和应用研究，强化工业互联网应用，打造工业互联网产、学、研、用一体化创新高地。发挥好新区人工智能暨硬科技加速基地、清华同方人工智能创新研究中心两个创新创业平台和寒武纪西部总部等重点企业带动作用，大力发展智能机器人、智能无人机、智能语音交互系统、智能翻译系统、智能家居产业，促进人工智能与先进制造业、商贸物流等行业领域深度融合。运用新一代信息技术，大力发展数字视听、线上教育、数字出版、动漫游戏等数字产品。

图2-15 陕西西咸新区泾河新城茯茶镇

3. 体制机制创新

提升“放管服”改革水平。深入总结疫情防控期间在网上审批、网上办事等方面探索的好做法、好经验，加强网上政务大厅建设，持续优化“互联网+政务服务”，梳理公布“不见面审批”事项清单，大力推行审批帮办代办制、并联审批、容缺受理、审批进度清单等做法，探索推进“一事一次办”改革。深化商事集成注册和证照分离改革，建设西咸新区政务服务平台电子签名系统，全面推动政务服务电子签名、电子印章、电子证照、电子档案等“四电”改革。优化公共资源交易平台，加快不见面开标、远程异地评标等建设。积极推广在线诉讼和法律咨询服务。

创新融资模式。认真研究疫情过后国家的金融政策，抢抓金融机构全面降准的机遇，有针对性地创新融资方式、调整融资结构、加大融资力度，解决好新区发展的资金需求问题。加快完善新区金融体系，全年引进全国性、区域性金融机构地区总部不少于3家。上半年开业运营新区“资本超市”，充分发挥好新区各类产业基金作用，为企业发展创造良好融资环境。加强金融债务风险防范化解，全年化解隐性债务不少于260亿元。

4. 高水平对外开放

全力推进国际航空枢纽建设。建设机场三期工程，同步完善机场周边基础设施。发挥第五航权政策优势，加快航线开辟，全年新开通第五航权航线1条以上、全货运航线5条以上、完成航空货邮吞吐量45万吨以上、航空服务业营收突破50亿元。实施《西安临空经济示范区发展规划（2019—2035年）》，促进保税航油、飞机融资租赁、保税维修等业务取得新进展。

推进对外开放平台。打造自贸区升级版，年内形成至少8项在全省、3项在全国进行复制推广的创新案例，全年自贸区内新注册企业增长40%以上。加快建设中德国际科创中心、“一带一路”临空经济国际合作园，力争中俄丝路创新园中方、俄方园区新增落户企业均不少于50家，争取境外商业机构在新区设立经贸办事处不少于5家，全年进出口总额增长25%以上。

5. 高标准建设管理

抓好智慧城市建设。制定实施新区智慧城市品质标准，出台智慧城市项目建设管理办法，坚持急用先行，加快一批信息基础设施、智慧应用系统、数字产业示范项目建设，年内建成全区基础数据资源体系和数据共享交换体系。支持拓展5G、人工智能、VR/AR等新技术新产业应用场景。积极争取5G第二批试点城市，加快5G布局，实现各新城和园办核心区5G网络全覆盖。

加快医疗公共服务设施建设。全面梳理疫情暴露出的新区在公共卫生服务设施方面的短板，全力加快空港国际医院、沣东新城医院等6家在建三级医院建设，尽快规划建设新区公办三级医院和包括疾控中心、卫生监督所、急救中心等在内的新区公共卫生管理中心，加快完善新区疾控防疫、医院救治、急救转运、卫监执法等基础医疗卫生服务体系。积极探索“AI+”“互联网+”等智慧医疗方式。在自贸区积极探索设立外商独资医疗机构。推进社区卫生服务中心和街镇卫生院提升改造，完善社区就医圈，全面提升基层医疗卫生服务能力。

八、贵州贵安新区

图2-16 贵州贵安新区数字经济产业园

（一）2019年工作成效

1. 经济社会发展

2019年，贵安新区直管区地区生产总值完成126.24亿元、增长6.6％。工业增加值、建筑业增加值、软件和信息技术服务业收入分别增长9.2%、11%、42.4%，总体保持平稳较快发展，完成一般公共预算收入15.85亿元，一般公共预算支出58.83亿元；金融机构人民币存款余额200.5亿元，贷款余额175.73亿元。

2. 体制机制创新

开展工程建设项目审批制度改革工作。印发实施《贵安新区全面开展工程建设项目审批制度改革工作实施方案》，进一步简化企业投资审批。通过精简审批环节、规范审批事项、合理划分审批阶段、推行联合勘验、联合审图、联合测绘、联合验收和推行告知承诺制等举措，到2020年底，工程建设项目审批办理时间确保缩短至80个工作日以内，力争缩短至70个工作日以内。

"三无"微信全程电子化改革有序推进。通过"三无"（无介质在线实名认证、无核准在线自主确定、无纸化在线全程办理）改革，实行企业名称自主申报、信息一次填报、后台网上审核、执照自助打印、资料自动存档，实现注册登记"零跑路"、审核审批"零见面"，最大程度利企便民，进一步提高市场主体登记管理的信息化、便利化、规范化水平，让企业和群众办事更方便、更快捷、更高效，不断激发创新创业活力。

创新产学研一体化发展体制。以产业园区建设为核心载体，推动科技研发及成果产业化，构建以市场为导向、企业为主体，"政、产、学、研、资、服"六位一体区域协同科技创新体系。大力引导支持建设创新创业孵化平台，努力为创新人才和团队提供低成本、全要素的成长孵化平台。2019年新增认定本级孵化平台18家，新增申报省级众创空间、孵化器3家，大学城双创园成为新区首家国家级科技企业孵化器。2019年新区新增科技型企业备案36家，通过遴选科技型种子企业15家、小巨人（成长）企业2家、新增高新技术企业32家，高新技术企业同比增长39%，共有22家高新技术企业享受减按15%的企业所得税减免。

国家绿色金融改革创新实验区建设高效推进。构建了"1+5"绿色产业发展体系，新增1个绿色生态小区，绿色建筑面积达111.48万平方米；多能互补分布式能源绿色资产证券化项目成为中国人民银行首批典型案例在全国推广。探索推进绿色资产证券化项目，为绿色重资产项目融资探索新路径，被中华环保联合会绿色金融专业委员会评为"2019年绿色金融十大案例"。

3. 招商引资和重大项目

坚持"高端化、绿色化、集约化"方向，紧扣"建城市、聚人气，广招商、兴产业"思路，以"三个不允许"（不允许招引低投资强度项目、不允许出现补贴"倒挂"、不允许先补贴后投产）的底线原则，明确以"五个为主"（高新产业为主、实体经济为主、利用外资为主、高税企业为主、龙头企业产业链招商为主）的主攻方向，一切围绕招商转、一切围绕项目干，努力引进一批创新性、引领性、标杆性的大项目好项目。深入推进产业大招商工作，精准出击抓招商，持之以恒优环境，引进泰邦航空食品等项目33个，总投资352.39亿元，到位资金87.52亿元、同比增长24%。成功举办中国–东盟教育交流周、中日青年企业家（贵州）经贸交流等重要对外开放活动。

4. 推进"一城一带"建设

在高品质城市建设上求突破。城市功能不断提升。编制完成《贵安新区一城一带规划纲要》和大学城城市设计，把城乡规划和建设发展重点立足于服务大学、服务产业发展上，推动校城融合和产城融合；不断完善城市功能，贵安山语城、群升大智汇等城市综合体加快推进；城市配套设施加快完善，轨道交通S1号线开工建设，天府路、创业路等路网加快推进，乡村面貌不断改善。

在高质量发展上求突破。全力抓好市场基础设施建设工作。道路交通建设方面，围绕路网建设，从前期手续协调、资金规范管理、项目进度调度三方面督促代建单位开展项目建设工作。基础设施配套方面，按照三年计划推动华为变电站、苹果变电站、大学城综合管廊、大学城燃气综合服务站等市政配套设施建设，保障城市开发建设配套需求。强化人才支撑体系建设。扎实做好人才引进、拴心留人、培养使用等工作，努力打造人才新高地，通过“引、揽、聚、强”四轮驱动，全面推进人才工作创新发展。

图2-17　贵州贵安新区中心区海绵城市建设

（二）2020年工作展望

1. 关键领域科技创新

推进创新驱动，利用大学城人才集聚优势，开展科研人员职务科技成果所有权或长期使用权试点工作，以国家双创示范基地为依托，支持大学城双创园国家级科技企业孵化器建设，高标准建设省级创业孵化基地，组建产学研联盟。

2. 做实做优做强实体经济

调整新区产业规划、改革创新招商引业体制机制、调整完善招商优惠政策、深入推进行政审批改革，打造国际化营商环境，既招“顶天立地”的大项目，也招“铺天盖地”的中小微企业，加快推进产业集聚。努力争取苹果、华为、腾讯和三大通信运营商新增基于数据中心的业务板块，扩大华为手机产能，拉长数字经济产业链；按照“一品一业”的思路，瞄准与生活息息相关的中高端消费品制造，大力发展实体经济。

3. 体制机制创新

持续深化改革，探索新型产业混合供地用地模式，开展全域土地综合整治试点，探索建立园区共建税收分享机制和产业扶持政策及资金分担机制，推行环评审批承诺制；推广市场准入负面清单制度等自贸区经验，开展一般纳税人资格试点。

4. 深化对外开放

加快申建国家级进口贸易促进创新示范区，打造西部地区重要陆地港口，推动进出口货物集拼、分拨及中转中心落地；积极探索加工贸易企业适用的以企业为单元加工贸易监管模式改革，打造加工贸易梯度转移重点承接地。

5. 高标准建设管理

加快建设宜居宜业的现代化新城，狠抓城市建设。以大学城片区为核心，坚持建成一片区域、聚集一片人气，大力推进住宅、商业和公共配套设施以及产业发展综合性、协调性开发；按照“总体规划、整体建设，一次完成、功能完备”的要求，加快完善已建城市综合体项目的教育、医疗、商业等公共服务配套，建设美好城市。

加快推动贵阳贵安融合发展，进一步加快建立健全贵阳贵安全面融合发展体制机制。让贵阳市的城市资源、城市价值优势与贵安新区的战略空间、政策机制创新优势相互叠加、相得益彰，坚持以产兴城、以城促产、产城融合、协调发展，做大城市规模、做强实体经济，着力构建大能级城市经济圈。构建两地互联互通大格局，围绕规划共绘、设施互通、产业共兴、政策共享、营商共推、机制同构、执法互助、安全共治、生态共保、民生共融等重点，着力构建协同一体的城乡规划体系、互联互通的基础设施支撑体系、分工协作的现代产业体系、均等便利的公共服务体系、双向流动的要素市场体系、共保联治的环境保护体系，全面提升贵阳贵安的城市能级和竞争力。

九、青岛西海岸新区

图2-18 青岛西海岸新区唐岛湾

（一）2019年工作成效

1. 经济社会发展

2019年，青岛西海岸新区地区生产总值增长6.5%，固定资产投资增长32.2%，外贸进出口额增长16.3%；实现一般公共预算收入268亿元，其中税收占比81.2%；实际利用外资（FDI）11.5亿美元，增长20%；居民人均可支配收入达到4.7万元，增长8.2%；城镇新增就业14.4万人，企业职工退休待遇实现“十五连涨”。

2. 体制机制创新

“一窗受理、一网通办、一口出证”政务服务全面推开，在全国首创“一证（照）通”、破解“准入不准营”难题，95%的企业登记事项全程电子化，新增企业2.4万户、增长13.7%，市场主体总量突破30万户。出台项目建设审批十七条意见，创新模拟审批、告知承诺等举措，全流程审批时间分别比省、市缩减20个和5个工作日。经控集团组建成立，融控、海控集团获得3A主体信用评级。开工建设民营经济产业园，28家企业上榜青岛民企百强。惠城环保等3家企业上市，海尔生物成为全市首家科创板企业，新区累计上市企业16家，占全市近1/3。

3. 科学技术创新

聚焦人工智能、高端装备等领域，引进京东方、商汤科技、华大智造等128个“四新”经济项目，实现翻番增长。全面打赢“投资大会战”，新开工399个亿元以上项目、占全市三分之一，“四新”项目投资占比达44%，高技术制造业投资增长33.7%。大力发展集成电路、5G、新能源汽车等新兴产业，规模以上战略性新兴产业增加值占地区生产总值比重为4.3%。全国首个5G高新视频实验园区一期建成、入选首批省级示范数字经济园区，建成5G基站1 213座、率先实现重点区域信号全覆盖。美锦氢能源汽车落地，宝骏E200电动汽车实现量产，力神动力电池投产，2 296个充电桩建成使用，新能源汽车全产业链加速形成。引进科大讯飞、新松无人系统研究院等创新和产业平台，中国海洋大学等14个高校项目加快推进，新增市级以上重点实验室、工程技术研究中心21家，荣获5项国家科学技术奖、占全市二分之一。

4. 招商引资和重大项目

坚持把“双招双引”作为经济工作的第一战场，聚焦产业链精准招商，创新以商招商、节会招商、中介招商等平台化、市场化招商方式，推动招商氛围厚积成势。全年引进亿元以上产业项目270个、总投资3 800亿元，其中百亿级大项目9个、世界500强投资项目26个，“投资西海岸就是投资未来”成为广泛共识。出台鼓励人口人才发展的16条意见，“海创融园·博士邨”建成启用，新引进培育人才7万人、总量突破60万，占全市29%。外贸逆势上扬，新增进出口实绩企业400家、占全市41%，保税物流中心（B型）投入运营，保税备货业务完成货值占全省60%，货物进出口总额2 117.5亿元，占全市40%，对“一带一路”沿线国家增长21%。东西协作和对口支援取得新成效，创建安顺旅游示范村，建成青陇现代农业产业园，顺利通过国务院扶贫办考核组验收。

5. 节约集约发展

城市空间布局拓展优化，海洋活力区、桥头堡国际商务区开工建设，王台新动能产业基地、藏马山旅游度假区迅速起势。内畅外达的交通网日益完善，青岛西站增开上海、重庆等方向高铁，总车次达59列，地铁6号线正式开工、1号线加快建设，新建打通30条市政道路，风河快速路全线贯通。实施西部老城区改造，719栋楼宇、36公里道路、40公里雨污管道完成整治，老城区旧貌换新颜。

生态文明建设扎实推进，打好“蓝天、碧水、净土”三大保卫战，空气质量改善率位居全市第一，完成甜水河等4条河道生态治理，绿化裸露土地6.2万平方米，大棚房、护林房、违建别墅清理整治全面完成，垃圾分类工作扎实推进，静脉产业园一期建成运行。琅琊镇荣获“国家卫生镇”称号，蓝湾绿道入选首批“山东省最美绿道”。

6. 落实重大战略任务

参与“一带一路”建设。新区作为“一带一路”的枢纽节点，充分发挥和巩固港口、市场、生态等优势，对接全球优质要素资源，高水平开启打造国家对外开放战略新支点。前湾保税港区两大出口加工区全部转型综合保税区，国际中转集拼等国家级政策试点全面推开。国际经济合作区中德“国际客厅”开门迎客，大陆汽车、华大细胞中心等20个项目建成投产，实现产值71亿元，增长104%，获评中国（区域）最具投资价值园区。国际旅游度假区成功举办国际啤酒节，整建制转战桥头堡商务区，启动区开工建设，拓展区完成清场，在谈项目20余个，开启“二次创业”新征程。

全面落实乡村振兴战略。乡村振兴成果丰硕，“五大活力源”辐射带动西部8个镇、4.7万农户增收致富。坚持以产业振兴带动乡村振兴，中国供销智慧物流港等27个超亿元项目开工在建，全渠道中餐工业化等10个项目竣工投产。高标准提升农村基础设施配套，完成129个村庄饮水管网改造，新建、修建“四好农村路”78公里。张家楼镇获批省级乡村振兴齐鲁样板示范区，海青镇入选全省乡村振兴典型案例，大场镇凤凰庄等5个村获评省级美丽乡村示范村。

图2-19　青岛西海岸新区滨海大道

（二）2020年工作展望

1. 关键领域科技创新

发挥古镇口引领作用，统筹全域资源要素，聚焦航空航天、高端装备等领域，推进协同创新企业集群发展，高水平推进国家技术标准创新基地等一批重点平台、重点工程建设。实施海洋产业强链补链行动，做强船舶海工等5个优势产业，做大海洋生物等4个新兴产业，打造具有核心竞争力的现代海洋产业集群。加快推进总投资2 000亿元的88个海洋重点项目，海洋生产总值增长15%。发挥哈工程船舶科技园、海西湾基地的研发制造优势，推进中船重工船用发动机、威飞海洋石油装备等项目落地建设，发展大型智能船舶和新型海洋工程装备。加快建设聚大洋科技园，推进研制正大制药抗结肠癌等海洋新药，突破发展海洋功能食品等高附加值产品。支持发展深海养殖和远洋捕捞，建成3处国家级海洋牧场示范区。

2. 做实做优做强实体经济

巩固提升制造业优势地位。开展制造业赋能攻坚战，围绕石化、家电、汽车等8大产业集群，实施精准强链补链，提高园区化、智能化发展水平，筑牢工业经济“底盘”。大力发展战略性新兴产业和高新技术产业，加快5G高新视频实验园建设，推动芯恩集成电路投产，加强与科大讯飞等领军企业的战略合作，深度布局5G应用、人工智能、超高清视频等新兴产业。组织实施一批“高端制造业+人工智能”示范项目，加快推进海王纸业、环球集团等一批传统优势企业转型升级。研究推动新区工业在山东半岛协同发展，实现全域企业的嫁接、合作。规范产业项目规划用地管理，科学划定产业区域控制线，严格保护工业产业用地空间。深入推进工业“亩均论英雄”，推动生产要素向高效益、高技术、高成长性企业集聚。积极抗击新冠肺炎疫情，主动作为、提前谋划，制定制度、严格登记、跟踪督导，有序推进工业企业顺利实现复工复产。

构筑现代服务业高地。提高生产性服务业的专业化供给能力，推动生活性服务业向高品质升级，努力增加新服务、新供给。突出抓好海洋金融、贸易金融、科技金融招商，大力引进法人金融机构，培育股权投资、融资租赁等新兴业态，研究设立新区产业基金，为实体经济发展提供高效金融服务。加快发展专业服务业，吸引会计、审计、法律、检验检测、人力资本等国际高端品牌机构落户。推进青铁万象天地等商贸综合体建设，新建改造欢乐海湾等5条商业步行街，繁荣发展夜间经济。大力发展医养健康产业，推进中日医养健康创新示范区、智慧医疗中心等重点项目，促进健康、养老、医疗等多业态深度融合，打造特色康养之地。促进文化和旅游融合发展，打造文化创意矩阵式和精品旅游链条式产业集群。

3. 体制机制创新

推进“放管服”改革，深化高效西海岸建设，持续提升行政审批和公共服务便利化水平。推动“一窗受理·一次办好”改革提速提效，建立“窗口无否决权”和“好差评”机制，优化企业和群众办事体验。深化工程建设项目审批制度改革，做实投资项目区域评估、多评合一、并联审批等举措，加大“批前辅导”和“模拟审批”力度，力促项目尽早落地开工。推进自贸区审批制度改革，进一步下放审批权限，扩大即办事项范围。全面推行公共资源交易电子化，打造全省最优、全国领先的公共资源交易服务平台。

4. 高水平对外开放

主动服务承接上合示范区溢出效应，开工建设中俄地方合作园，加强与“一带一路”沿线国家和地区的交流合作。积极融入黄河流域生态保护和高质量发展战略，深度参与胶东半岛经济圈一体化建设。建设提升中德和中日“国际客厅”，高标准建设中德综合展示中心，规划建设中日节能环保产业园、日本科学城，打造集展示、推介、接洽、交易等功能为一体的开放平台。推动海洋活力区开发建设提速提质，新引进10个以上海洋科技、海洋信息等总部项目，加快建设辐射东北亚的蓝色国际城市会客厅。加强与友好合作关系城市的文化交流和经贸合作。推动外贸转型升级、结构优化，做大做强跨境电商产业。

5. 高标准建设管理

规划建设科学化。做好“十四五”规划和各专项规划编制工作。深入推进“多规合一”，加快编制国土空间分区规划，实现全域空间规划一张图。完成滨海大道、风河快速路等重点区域城市设计，加强重要节点景观长效管理，实施城市有机更新，打造充满活力与温度的城市风景线。集约利用城市空间，加快建设井冈山路地下空间项目。全面推行生活垃圾分类制度。强化住宅小区综合治理，提升物业服务水平。做好老城区建筑修缮、街景优化、设施配套，完成57个老旧小区168栋楼宇改造。加强供水、供电、供气、供热等配套设施建设，建成地下综合管廊20公里、清洁能源供热小区28个，海水源能源站投入使用。实施灵山卫、镰湾河污水厂扩建工程。践行绿色低碳循环理念，新增绿色建筑300万平方米。加快智慧城市建设，加速5G网络布局，推动互联网、大数据等信息技术在公用事业、市容环境等领域深度应用。

十、大连金普新区

图2-20 大连金普新区鸟瞰

（一）2019年工作成效

1. 经济社会发展

2019年，大连金普新区全年实现地区生产总值2 559.36亿元，增长5.6%，占大连市的31.3%；财政总收入420.28亿元，一般公共预算地方级收入242.77亿元，增长18.6%，占大连市的35%；固定资产投资355.51亿元，剔除英特尔项目投资不可比因素，实际增长13.04%，占大连市的24.37%；实际利用外资1.3亿美元，下降30%，占大连市的20%；进出口总额2 800亿元，下降14%，占大连市的64.9%；规模以上工业总产值3 472.7亿元，下降2.2%，占大连市的48.5%；规模以上工业增加值增长10%；城镇居民人均可支配收入增长7%。

2. 体制机制创新

坚持把改革作为推动发展的“关键一招”，刀刃向内加快完善体制机制，协调推进各项改革。重塑新区管理体系。设置党政机构29个，机构规格由副局调至正处，部门正职全按正处配备，彻底理顺人员身份。按照市场化标准组建海绵城市、生态环境、美丽乡村三家国有企业，面向全国广纳贤才。深化干部人事制度改革，创新薪酬制度，新区发展活力进一步提高。深化“放管服”改革。制定出台自贸创新、招商引资、招才引智、简化施工手续、商事制度改革、促进文化产业发展六个方面“金十条”优惠政策，打造全国一流投资区域。全年累计新增减税降费37.84亿元，增值税改革新增减税18.6亿元、小微企业普惠性政策新增减税3亿元。新登记市场主体24 606户，新办理企业登记14 021件，增长12.32%。

3. 科学技术创新

坚持把创新作为率先发展的第一动力，以沈大国家自主创新示范区建设为抓手，大力实施创新驱动战略。高新技术产品增加值627亿元、增长20%，规模以上工业企业研发经费支出67亿元。创新载体日益增多，新增高新技术企业125家、新增市级研发机构20个、新增孵化载体10个、纳入科技企业培育库的中小微企业1 274家；战略性支柱性产业研发中心纷纷进驻，知识产权战略深入实施，专利申请量、授权量位居全市第一，科技成果加快转移转化，政产学研合作不断加强，与大连大学、大连民族大学签署合作协议，三个院士工作站入驻新区。

4. 招商引资和重大项目

2019年，全区共签约项目95个。内资项目签约85个，总投资548亿元，主要包括逸盛大化100万吨聚酯薄膜（68亿元）、碧菲纳米新材料产业园（10亿元）、金科·大连健康科技新城（50亿元）、达利凯普电容器（2.35亿元）、东北特殊钢高炉技改（11.66亿元）、智能脑出血微创手术导航及机器人系统、东北亚国际影视文化城（318亿元）及中国传媒岛等项目。外资项目签约10个，新增投资总额19.4亿美元，包括格劳博EV（3亿元）、捷美生物食品（3亿元）、华大海洋（1.5亿元）、利优比压铸扩产（3亿元固定资产投资）、富乐马鸿凯原料药和医药中间体二期（4 000万美元）等项目。

5. 节约集约发展

2018年7月以来，闲置土地处置工作以“全力以赴推进，条块结合、以块为主”为工作原则，实行周调度、月总结、季考核，沉淀项目基本达到应开尽开处置力度。截至2019年10月底，金普新区全部完成大连市下达的闲置土地整改任务，处置面积全市排名第一。

6. 落实重大战略任务

参与“一带一路”建设。积极参与“一带一路”综合试验区和中国——中东欧“17+1”国际经贸合作示范区建设，融入辽满欧大通道建设，与韩国产业公团蔚山本部围绕产业互通互联开展合作，中俄（大连）产业合作示范园项目得到积极推进，阿联酋迪拜海外仓项目、阿曼杜库姆产业园和苏哈工业园合作项目、巴基斯坦瓜达尔港合作项目进展顺利。欧美优质企业实现增资扩建，冰山金属二期、斯凯孚轴承、博格华纳新能源、柏德皮革三期、格劳博EV数控机床等项目接续落地新区。

全面落实乡村振兴战略。全面启动美丽乡村建设，深入推进农村人居环境整治。旅游事业蓬勃发展，金石滩国家旅游度假区荣获2019年度中国国家旅游最佳休闲旅游目的地。高质量高标准推进中央环保督察和“回头看”整改、国家海洋督察整改。渤海综合治理取得阶段性成果。圆满完成对口帮扶工作任务。哈尔滨路派出所入选全国首批“枫桥式公安派出所”。

图2-21 大连金普新区金石滩国家旅游度假区

（二）2020年工作展望

1. 关键领域科技创新

实施高新技术企业倍增计划，高新技术企业年内将突破500家。实施瞪羚和独角兽企业培育计划，促进科技创新企业成长壮大。加快建设金普科创园，打造大连北部创新创业创投中心。加大5G基础设施建设力度，大力发展5G产业，积极培育数字经济产业集群，加快智能装备、新能源、新材料等产业发展。围绕知识产权保护利用和科技企业金融需求，全面推广知识产权质押贷款风险补偿工作。

2. 做实做优做强实体经济

明确产业招商和项目重点工作方向，进一步推进项目落地。推动汽车整车及零部件产业、电子信息产业、石油化工产业、生物医药产业和装备制造产业五个传统产业高质量发展。加快数字经济产业、生命健康和生物医药产业、文化旅游产业、人工智能产业、金融产业、新材料产业等新兴产业重点建设落地。

3. 体制机制创新

坚持深化改革，推动高质量健康发展。持续深化党政机构和事业单位改革，建立行政单位与事业单位之间对口指导、人才共享、双向评价等工作机制，充分释放机构改革红利。持续深化自贸区和园区改革，推行“管委会+公司”运行模式，完成园区法定机构改革和干部人事人才改革。持续深化街道机构改革，推动重心下移、权力下放、力量下沉。持续深化国资国企改革，加快国资布局结构调整与企业整合重组，健全企业法人治理结构，建立完善激励约束机制。持续深化放管服改革，加快线上“一网通办”，打造“智慧政务大厅”，坚决整治管卡压、推拖绕等突出问题，打造市场化、法治化、国际化营商环境。

4. 高水平对外开放

坚持以开放促改革、促发展、促创新，坚持“深耕日韩、巩固欧美、拓展东南亚”，持续推进更高水平的对外开放。深化对日开放，加快“新日本工业团地”建设。扎实谋划与朝鲜、俄罗斯的经贸合作，推动中俄产业示范园建设，深度融入东北亚经济走廊建设。加大与“一带一路”沿线国家交流，深化国际产能合作。联动协同国内区域开放，深化与浦东新区对口合作。加快推进自贸区建设。在贸易自由化、投资便利化、环境法治化以及政府职能转变等领域推动改革创新，充分展现自贸区建设的探索性、创新性和引领性。积极推进自由贸易港建设，支持离岸经济、转口贸易、跨境电商等更好发展，加快建立现代化开放型产业体系，推动形成全面开放新格局。

5. 高标准建设管理

对区域发展空间布局和重大战略举措进行再审视、再优化、再提升，全面发力、多点开花，努力形成“大珠小珠落玉盘”的蓬勃发展态势。深入推进“双湾联动、三区协同”，打造新的增长点和动力源。系统提升城市功能品质，加快海绵城市建设，推进“智慧金普”建设，加速城市交通基础设施建设，提升城市精细化管理水平，打造宜居宜业宜游新区。深入实施乡村振兴战略，推进基本公共服务均等化，推动美丽乡村建设由点向片扩展，全面推进“全域美丽”建设。

十一、四川天府新区

图2-22 四川天府新区成都科学城

（一）2019年工作成效

1. 经济社会发展

2019年，四川天府新区地区生产总值完成3 270.3亿元、增长8.1%，固定资产投资2 083.9亿元、增长17.9%，经济总量在19个国家级新区中保持在第五位。

2. 体制机制创新

聚焦建设国家级新区、中国自由贸易试验区、国家全面创新改革试验区等国家使命，高效推动行政审批制度改革，持续深化“证照通”改革，以自贸试验区建设为引领，制定国际化营商环境建设3年行动计划，全面推行知识产权民事、刑事、行政案件“三审合一”审判模式改革、全程电子化业务和企业名称自主申报改革，全国首个知识产权新经济示范园区稳步推进，双创示范基地建设获国务院通报激励。深入推进制度创新和流程再造，大幅压缩企业开办和项目审批时间，新增各类市场主体近2万户，获评“中国最佳营商环境城区奖”。

3. 招商引资和重大项目

高能级引进培育重大产业项目。新签约引进中国商飞、乐高乐园、恒大国际文旅城等生态型、引领性重大项目288个，协议总投资5 590亿元；中建西南总部大厦、通威三期3.2GW等项目竣工，海康威视成都科技园、眉山加州智慧城等项目开工建设，天府国际会议中心、独角兽岛启动区、四川阿格瑞OLED新材料、当当全国第二总部等项目加快建设，独角兽岛启动区即将形成项目承载能力。

高水平集群成链发展产业。突出发展数字经济，以天府新经济产业园区为载体，签约引进企业52家、入驻启明星辰等企业28家，网络视听小镇、天府无线谷等重大项目有序启动。突出发展总部经济，落地高能级总部项目37个、总投资1 500亿元，其中高能级500强项目占比达60%，在谈总部项目43个，其中世界500强14家、中国500强10家、全球总部5个、全国总部3个。突出发展高端高新产业，集聚科技型企业近1万家，其中华为鲲鹏中国、商汤科技、紫光集团等行业领军企业120余家。

高标准规划建设产业功能区。天府总部商务区全面起势，成功举办天府总部商务区总部基地集中签约和建设启动仪式，集中签约招商局集团等总部项目30个、总投资1 110亿元，布局中海超高层等城市综合体22个，开工匹兹堡大学医学中心国际医院等功能配套项目，开工安仕达等高端酒店24个、投运7个。成都科学城全面提能，集聚超算中心等重大科技基础设施和研究基地4个、航天科工大数据实验室等国家级创新平台16个、中国科学院成都分院等中国科学院系统项目11个，引进清华等校院地协同创新项目32个，42个重大功能设施、47个重大公共配套和百万平方米国际社区正加快建设。

4. 节约集约发展

坚持传承与探索并举。始终把公园城市作为贯彻落实习近平生态文明思想的具体目标，聚焦安全、自然、宜居、形态、产业五个维度，初步形成“1+5+36”公园城市规划体系，首创“城市设计附加图则+公园城市附加图则”双重规划控制引导体系，发布四川首个地方街道设计指南《成都高新区公园街区街道设计指南——设计标准做法》。

坚持保护与治理并举。坚守70.1%蓝绿空间①比例，以总体城市设计为先导，按照“一带引领、双轴拓展、三川交融”的空间格局，构建全域覆盖、城乡融合、特

① “蓝绿空间”指水体和绿地的面积占比，“蓝”指水体，“绿”指绿地。

色鲜明的四级规划体系，实施骨干道路“森林化”和全域增景增绿工程，新增森林面积1.2万亩，形成河湖水体1.3万亩，建成生态绿道380公里，建成北部组团生态隔离带、永安湖森林公园、新川之心等重大生态项目。

坚持践行与传播并举。立足绿水青山就是金山银山的理念，建成麓客岛、“蜻居”酒店等一批生态价值转化项目，鹿溪智谷核心区入选国家重点研发计划示范项目，公园城市地下综合管廊建设模式入选“庆祝中华人民共和国成立70周年大型成就展”，成都公园城市建设案例入选联合国《中国人类发展报告特别版》，“生态优先、绿色发展”的公园城市发展模式得到全社会高度关注、广泛认可。

5. 落实重大战略任务

推动长江经济带发展。聚力区域交流合作持续深化。积极推动与两江、贵安、浦东等国家级新区的战略合作，以“总部+基地”“研发+基地”模式推动与成都平原经济区城市强化产业协作，与川南经济区、川东北经济区、攀西经济区、川西北生态示范区等区域的重点城市实施联动发展。大力推动天府新区成眉片区一体化发展，变革传统产业园区合作模式，赋能成眉同城化率先突破，推动成眉片区全域合作，聚焦产业融合发展带动，同步推进规划建设、生态保护、民生事业等多领域合作。

积极参与“一带一路”建设。聚力提升国际交往功能，谋划建设天府枢纽站、

图2-23 四川天府新区鹿溪河湿地公园

城市候机楼等枢纽性节点，积极推动国家川藏铁路技术创新中心和川藏铁路建设，加快建设“一带一路”交往中心，持续做强“一带一路”法律研究中心、“一带一路”商会联盟等服务支撑，挂牌成立自贸区检察院，中法、中意、中日、中德等国际合作园区、国际合作项目建设取得实质性进展，川港合作示范园启动建设，川港设计创意产业园、蓉港青年创新创业梦工场、海峡两岸产业合作区眉山产业园等合作载体稳步推进。西部国际博览城成功晋级为国际展览业协会成员，保税物流中心（B型）封关运营，国际会议中心主体完工，成功举办“中意文化创新产业园合作论坛暨项目签约仪式”“2019旧金山市湾区科技项目（成都）国际合作大会”等重大国际活动和第100届全国糖酒会、中国西部国际博览会进出口展等重大展会活动。

（二）2020年工作展望

1. 关键领域科技创新

天府新区坚持以争创综合性国家科学中心为引领，筑强成都科学城在中国西部（成都）科学城“一核四区”的极核牵引作用，集聚战略性稀缺性要素，加快打造“一带一路”沿线原始创新和技术转移转化的重要节点。大力发展新技术，全力推动更多“中科系”“中核系”院所落地，加快筹建天府实验室，积极推动人工智能、芯片设计、物联网、区块链等核心技术研发，加快实施鲲鹏生态、天府链都等重大产业项目。大力推进天府海创园、天府国际技术转移中心建设，组建校院企地协同创新联盟，加快构建创新成果转化服务支撑体系。加强创新要素支撑，加快打造中国科学院成都科教融合区域中心、鲲鹏产业学院等创新人才孵化培育基地。强化资金要素支撑，通过风险补偿资金池、产业发展基金、专项债券等渠道，解决融资难、融资贵问题。

2. 做实做优做强实体经济

聚力加快动能转换，发展新技术、聚集新产业、壮大新消费，发挥市场的资源配置高效、要素链接精准、增长动能充沛等突出优势，实现发展效益最大化和效率最优化，做强高质量发展的增长极和动力源。围绕总部经济、商务会展、科技研发、文创、现代金融等产业主攻方向，挖掘和创造市场价值，推动城市吸引力由“给土地、给优惠”向“给市场、给机会”转变，充分保障民营企业平等参与竞争的合法权益，全面落实外资企业享受国民待遇政策规定，千方百计帮助企业解决各种实际困难和问题，为各类企业在更高平台加快发展创造更多机会。强化产业设计，增强经济工作的方向感。围绕“创新策源地”目标，成都科学城依托超算中心和华为鲲鹏，加快人工智能、万物互联、区块链、5G运用等生态设计。围绕西博城商圈打造天府总部商务区，加快“总部+会展”生态设计。

3．体制机制创新

坚持以改革促发展、以创新激活力，推动形成对外开放与制度创新相互支撑、良性互动的格局。持续深化落实以绩效为导向的财政预算制度改革、以产出为导向的土地资源配置制度改革、以成长为导向的企业扶持激励制度改革等一系列重大改革举措，深入落实国际化营商环境3.0版本，深度放开民营企业市场准入和外商投资准入，全面落实包容审慎柔性监管制度，倒逼政务服务流程再造优化，加快推进政务服务“一网通办”、城市运行“一网统管”、企业诉求“一键回应”，努力在较短时间内成为企业办事最便利、服务管理最规范、行政运行最高效的国家级新区之一。

4．高水平对外开放

构建开放包容的创新生态，依托中央法务区建设，发挥“一带一路”法律服务中心等机构作用，强化以保护知识产权为重点的法律服务保障，构建公平竞争、规范有序的市场环境。聚焦提升天府总部商务区复合功能，高标准建设天府国际会议中心、“一带一路”文化交流中心，加快构建多维度的开放平台体系，提升扩大对外开放的支撑能力。聚焦总部经济、商务会展、科技研发、文创产业、现代金融等五大重点产业，加快构建以新经济突破发展为带动的现代化产业体系，差异化推进中意、川港等国际（地区）产能合作平台建设，积极发展法律、金融、保险、咨询等高端配套服务，提升发展天府国际基金小镇。构建国际化的开放制度体系，充分发挥自贸试验区先行先试优势，探索建立同国际投资和贸易通行规则相衔接的制度体系，聚焦会展博览、科技创新转化等重点领域，深入挖掘要素市场需求，营造扩大对外开放的环境氛围。

5．高标准建设管理

加快营造高质量发展的多元场景，充分激发新区经济活力和城市魅力。营造技术应用场景，以功能区为单位，持续发布一批产业场景机会清单，围绕新技术、新消费、新模式等蓝海空间，打造创新应用实验室、未来场景实验室。主动对接企业需求，提供若干应用场景和市场机会，促进企业成链集聚、集群生长。营造品质消费场景，打造核心商圈，加快西部国际博览城等城市级商圈建设，年内商圈主体框架基本成型。有机植入夜间经济活力元素，加快打造魅力戛纳、麓湖水城等特色商业街区。加速补齐社区生活、消费、服务短板，加快提升区域人气商气。营造人本生活场景，提供高水平公共服务。满足高品质精神需求，促进省级博物馆、美术馆、图书馆等重大文化设施落定新区。要塑造高颜值城乡风貌，实施鹿溪智谷公园城市示范工程，结合白沙湖、雁栖湿地等生态项目建设，提供更为丰富的生活美学体验。

十二、湖南湘江新区

图2-24 湖南湘江新区湘江欢乐谷

（一）2019年工作成效

1. 经济社会发展

2019年，湖南湘江新区实现地区生产总值2 468亿元，同比增长9.1%；规模以上工业增加值779亿元，同比增长12.1%；固定资产投资2 103亿元，增长12.3%；社会消费品零售总额926亿元，增长12.7%。上述四个指标增速分别比全省高1.5个、3.8个、2.2个、2.5个百分点。

2. 体制机制创新

特色改革提效。出台《湖南湘江新区产业用地管理操作手册》，形成投入产出指导目录。启动知识产权运营平台，获批全省首家知识产权运营服务试点单位。设立知识产权纠纷调解中心，升级专利大数据平台，囊括了全球1.2亿条专利文献、数据。

放管服改革提速。贯彻落实“营商环境优化年”要求，推动实施五大专项行动和十件实事。大力实施预审代办、分阶段审批、多图联审、容缺审批、规范中介等一系列项目审批改革举措，新区审批事项从75项优化为45项，16项市级权限下放岳麓高新区；申报材料压减25.3%；新区政府投资类和社会投资类项目四阶段审批总时限分别由59个、47个工作日缩短至46个、35个工作日。设立全省首家滨江金融中心政务超市，可为入驻企业提供“一站式”政务服务。开通运行产业服务微信平台，实施“全程帮代办”。全面落实国家减税降费的大政方针，累计兑现支持企业发展的政策资金近13亿元，新增减免新区全口径税额10.16亿元。

国企改革稳步推进。先导控股集团与长沙城投公司重组进展顺利，主体信用评级调升为AAA。湘江集团加快金融、文旅、医疗、地产等板块的布局拓展，新开展供应链金融并签约合同金额10亿元，公司营收实现翻番。湘江国投招募专业基金管理人，构建了政府引导、市场主导的产业发展基金管理体系。

3. 招商引资和重大项目

招商引资成果丰硕。坚持招大引强、培新育小，紧盯三类500强企业和产业链补链、延链、强链的龙头企业，精心组织和参与岳麓峰会、中德智能制造论坛、粤港澳大湾区投资贸易洽谈周、湘江金融发展峰会等重大活动，全年共签约项目136个，合同引资1 905亿元。其中，中联智慧产业城、长远锂科、格力冰洗、比亚迪动力电池、云轮轮毂、湘江智谷·人工智能科技城、京东南方科创总部等投资50亿元以上项目7个，舍弗勒、华为、英国壳牌石油等三类500强企业投资项目21个。

项目建设全面推进。全年铺排重大项目450个，完成投资1 330亿元，为年初目标的108%。铺排产业项目277个，映客直播、华为HUB仓集成物流等40个项目开工建设，京东亚洲一号、德赛电池、格力空调等41个项目实现竣工投产，亿达健康科技城、恒大文化旅游城、湘江欢乐城等47个项目建设加快推进。通达电磁能、三一塔机等项目实现“当年签约、当年开工、当年投产”。

4. 节约集约发展

城市建设品质提升。规划提质优化。全面完成新区国土空间规划及高铁西城等重点片区控规，初步构建2035年新区国土空间规划新格局。完善新区城市设计“一张图”、三维仿真平台建设、数据建设等应用基础工作。基础设施加速完善。“一圈两场三道”完成年度目标任务；“电力630攻坚”滨江变电力走廊技术改造完成，红桥变扩建工程顺利开工；长望路西延线望城区段、潇湘大道三段建成通车，麓景路隧道、靳西路等超额完成年度目标任务；潭州大道快改、洋湖人才公寓、看云小学等加快建设。智慧新区创新推进。搭建新区新型智慧城市服务平台，对经济协同系统、OA系统、数字智慧地图系统、污染防治系统和多规合一信息系统进行整合，建立新区政务数据资源归集通道。

污染防治务实有为。中央生态环境督察及“回头看”信访件全部办结销号。全面落实建筑工地污染防治“8个100%”，实现污染防治监测平台接入率100%。创新推动非施工区域复绿治本。龙王港治理一期工程稳步推进，雷锋水质净化厂（一期）提前5个月竣工通水，龙王港入湘江口断面平均水质由劣Ⅴ类改善为Ⅳ类。建成排口智能监控体系，完成梅溪湖片区37个小区雨污分流改造。大王山、梅溪湖西片区等一批海绵城市标杆项目加快推进。原长沙铬盐厂铬污染整体治理柔性垂直风险管控工程、污染介质治理工程稳步推进。

5．落实重大战略任务

推进长江经济带建设。坚持“共抓大保护、不搞大开发”的要求，推进长江经济带生态环境保护和绿色发展，紧扣龙王港水质稳定达到Ⅳ类的目标，依靠河长制统一指挥，统筹协调属地政府合力治水，推动南园路市政污水管网提质增效，加快龙王港流域治理一期工程建设，确保雷锋水质净化厂（一期）稳定运行，实现达标达效排放。加快推进原长沙铬盐厂铬污染整体治理项目建设，确保按时按质完成污染治理。深入参与长江中游城市群区域协同发展，推动交通设施互联互通，共同推进渝长厦高铁建设，深化京广高铁复线、长九高铁、呼南高铁等线路研究。加强长江

图2-25 湖南湘江新区湖南金融中心基金小镇

中游城市群省会城市新城新区信息共享、工作对接、交流互鉴。

参与“一带一路”建设。加快推进渝长厦高铁、长沙高铁西站建设，突出高铁西城的枢纽地位和纽带作用，将高铁西城打造成为站城一体的开放新高地。以跨境电商、保税物流为依托，支持长沙高新区跨境电商产业园建设。运用好先导国贸服务平台，加快推进对非易货贸易平台建设。突出世界500强企业项目引进，全年共引进舍弗勒、华为、英国壳牌石油等三类500强企业投资项目21个。设立外资企业帮扶专班，促进大陆、舍弗勒、卓伯根、宜家等新区外资外商稳定发展。加强国际产能合作，推动工程机械、电子信息、医疗器械、先进储能材料等优势产业走出去，打造长江经济带内陆开放高地。新区企业积极推进中白工业园、阿治曼中国城、北欧湖南农业产业园等省级重点境外经贸园区的建设，逐步完善省级培育园区湖南尔康（柬埔寨）农产品加工园区的基础设施建设。

（二）2020年工作展望

1. 关键领域科技创新

着力培育发展新兴动能。深入推进岳麓山国家大学科技城建设，推动一批成长潜力大的科技型企业聚集发展，努力打造全国最美大学城、领先科技城、一流创业城。巩固提升全国双创示范基地建设，精心组织“岳麓峰会”“麓山杯大学生创业大赛”等双创特色活动，探索一批可复制、可推广的经验模式。推动政产学研金一体化，做实“智汇湘江·科创新区”科技成果转化项目路演。发挥湖南金融中心和湘江基金小镇的平台优势，完善“基金+基地”模式。争取湘江基金小镇进入全国创投市场准入改革试点。推动出台人工智能、物联网、大数据、区块链等新兴领域的人才政策，加强人才住房配套和教育设施配套保障，办好湖南湘江人工智能学院和创业就业学院，加大人才引进力度。

2. 做实做优做强实体经济

着力推动制造业高质量发展。全面把握整体要求，围绕制造业高质量发展，以产业链为抓手推动产业生态加速形成、不断优化。突出抓好标志性项目建设，充分发挥好市场的力量、资本的力量、速度的力量。突出抓好“三智一芯”建设，瞄准智能装备、智能汽车、智能终端和功率芯片，以“三智一芯”为重点来抢占新一轮技术革命制高点。突出抓好产业集群建设，着力补链、强链、延链，引导产业集群健全产业链，推进集群内企业握指成拳。突出抓好软件业发展，大力推进软件业再出发，推进新一代信息技术和制造业融合发展。

3. 体制机制创新

着力推进营商环境优化。坚持营商环境“双对标”，打造国内一流营商环境。推进放管服改革，完善“互联网+政务服务”一体化平台，探索推动“减免项目资本金”“拿地即开工”“建设项目区域评估、多测合一、多审合一、多证合一”等重点改革，打造项目报建“高速路”。推进知识产权改革，加大知识产权协同保护力度，强化专利大数据平台服务效能，完善线上线下运营模式，加强智能网联汽车等重点产业知识产权特色运营服务。推进国企改革，支持先导控股改革重组和湘江发展集团市场化转型，支持湘江智能公司、湘江国投公司发展壮大，有效降低企业成本，严格落实各项减税降费政策，切实降低企业制度性交易成本和生产要素成本，发挥“湘信融”中小微企业融资服务平台作用，多渠道解决企业融资需求。

4. 高水平对外开放

着力打造内陆开放新高地。建设主枢纽，加快推进渝长厦高铁、长沙高铁西站及市政配套项目建设，打造站城一体的开放新高地。打通大通道，推进通航小镇项目前期工作，提升铜官港口功能，加强与金霞港、湘阴虞公港等港口协作，弥补新区港口缺失短板，打造大平台。加快长沙高新区跨境电商产业园建设，用好先导国贸服务平台，推进对非易货贸易平台建设。深化对外合作交流，发展中外合资企业，培育民营外向型企业，引导企业开展自营进出口业务。加强与舍弗勒、大陆、卓伯根等企业的合作，引进更多德资企业，以工程机械、新能源汽车为重点拓展与日本、韩国企业的合作，以中非国际博览会为契机，推动优势产能走出去。

5. 高标准建设管理

加强基础设施和公共配套建设。实施湘府路快速化改造、梅浦联络线、人才房试点等一批涉及新区结构性路网工程和社会民生工程。提升城乡建设规划水平，完善长沙高铁西城、岳麓山大科城科创服务区、“湘江智谷·人工智能”科技新城以及大王山南片区等重点片区控规，强化城市设计和管控引导力度，提升城市品质。

十三、南京江北新区

图2-26　南京江北新区扬子江滨江风景带

（一）2019年工作成效

1. 经济社会发展

2019年，南京江北新区地区生产总值突破2 780亿元，增长11%；一般公共预算收入290亿元；规模以上工业总产值增长9.6%；社会消费品零售总额增长6%；全社会固定资产投资增长12%；实际利用外资达13.5亿美元；外贸进出口达470亿元；主要经济指标增速明显高于全市平均水平，城镇居民人均可支配收入持续领跑全市GDP实际增速。

2. 体制机制创新

持续深化新区街道体制机制改革，以强化街道党工委凝聚力量、调度资源的能力为主阵地，以夯实社区（村）党建基础为抓手，通过打造一个核心引领、一套架构统筹、一张清单下沉、一支队伍执法、一张网格覆盖、一个平台指挥、一套体系保障，构建了适合新区发展需要的新型基层治理体系，街道党组织的统筹协调能力进一步加强、机构设置更加精简高效、职能配置更加合理、权责关系更加清晰、内部运行机制更加顺畅、人员干事创业更有活力、“网格+网络”的治理格局基本建成。

3. 招商引资和重大项目

高位统筹抓推进，新区设立伊始就成立招商引资工作领导小组，随后组建了百人招商团，聚焦“两城一中心”主导产业，先后在北美、欧洲、台湾地区、深圳开展招商活动60余次，成功落户华为江苏鲲鹏生态产业基地、中国银行南京跨境创新服务中心等一批重点项目。突出项目抓落地，新区（直管区）签约项目投资总额达2 704亿元，其中亿元以上项目413个、亿元以上工业项目305个；实际利用内、外资分别完成330亿元、8亿美元；净增高新技术企业217家。聚焦产业抓集聚，签约的重点招商项目中，符合新区“两城一中心”重点产业方向的达到248个，投资总额1 800亿元。

4. 节约集约发展

在城市建设上体现前瞻性、引领性。坚持以“学习先进、超越先进”为目标，国际对标“花园城市”新加坡，国内对标雄安、浦东、深圳等地，从城市前端规划设计到后端管理治理的全过程，都采用了最新理念，有效避免交通拥堵、“城市拉链”“下雨看海”等“城市病”。规划上，强化多规合一，完善经济社会、资源环境政策和空间管控措施，形成规划建设“一张图、一套表、一个系统”。建设上，坚持地上地下统筹开发，建设国内规模最大最复杂的480万平方米地下空间，引入小街区密路网、海绵城市、综合管廊等先进理念。管理上，借助“城市智慧大脑”，积极探索“网格+网络”“区块链+社会治理”等治理新模式，依托“一张网”实现全要素集聚、全过程覆盖、全方位保障，努力让公共服务更高效、群众办事更方便。在老城改造上，大力实施总投入超过400亿元的浦口火车站片区和大厂山潘街城市更新项目，创新思路、攻坚克难，全力破解土地、资金等方面的要素制约，让老城群众共享新区高质量发展成果。

在民生配套上体现优质均衡发展。坚持交通先行，同步推进长江五桥等5条过江通道，加快实施S8号线南延、横江大道快速化改造等重点项目建设，不断优化新区内部路网结构，着力破解群众出行难题。加大教育医疗投入，江北首个三甲医院——鼓楼医院江北国际医院建成开诊，南京一中高中部、托马斯国际学校等20多个教育项目陆续建成，新区市民中心、南京美术馆新馆、江北图书馆等一批标志性文体项目加快推进。

5. 落实重大战略任务

推动长江经济带建设。坚决扛起长江大保护政治责任，积极推进长江“三乱”、三无船舶和非法码头、固废清理等专项整治，滨江岸线环境明显改善。围绕“绿色生态带、转型发展带、人文景观带、严管示范带”目标，编排长江经济带发展专项提升计划项目16个，全面启动26公里长江岸线湿地保护与环境提升工程，完成长江沿线大堤外绿化覆盖超过1 000亩，重大生态工程项目有序开展。系统推进水环境治理，加快污水处理厂网等基础设施建设，实施45条河道整治，推动9条入江支流、11个考核断面逐步稳定达标。加快推动钢铁、石化等传统产业转型升级，全面排查评估112家沿江化工企业，梳理整治提升类96家，制定“一企一策”整改措施，全力推进新材料科技园绿色发展和封闭管理。

加快构建长三角一体化发展新格局。新区充分发挥地处苏皖两省联结部和紧邻苏中苏北的独特区位优势，共同推动跨区域产城融合发展。宁淮合作方面，与淮安盱眙县共建宁淮特别合作区，组建“管委会+平台开发公司”行政管理架构，加快开展城市、产业等规划编制工作。同时，结合新区“两城一中心”现代产业发展需求，全力推进先进制造业招商引资工作，探索“飞地经济”发展新模式。

参与“一带一路”建设。科技合作方面，中国 · 北欧创新合作示范园、中欧迷

图2-27 南京江北新区产业技术研创园

你硅谷创新中心等国际合作平台建成运营，集聚海外科技创新企业30余家、科研机构10余家，打造成为中国与北欧科技创新合作的样板平台。支持海内外企业联合创新，13家新区企业与20多个“一带一路”沿线国家开展技术交流、项目合作和联合研发，建立良好的合作关系。依托斯洛文尼亚马里博尔大学等“一带一路”沿线国家知名高校院所共建一批“两城一中心”产业方向的新型研发机构，促进海外科研成果落地转化。经贸合作方面，依托中阿（联酋）产能合作示范园等平台，鼓励驻区企业积极谋划并投身“一带一路”建设，纵深推进与斯里兰卡、新加坡、马来西亚等沿线国家的双向投资贸易合作。

（二）2020年工作展望

1. 关键领域科技创新

抓好“创新资源”集聚。加快推进剑桥大学科创中心等创新载体建设，推进中欧迷你硅谷创新中心、北京大学分子医学南京转化研究院、省产业技术研究院等更多成果转化落地。加快推进国家集成电路设计服务产业创新中心等创新中心建设，打造具有国际影响力的创新策源地。实施科技型企业倍增工程和“专精特新”“单项冠军”企业培育计划，力争高企总数突破1 000家。

2. 做实做优做强实体经济

做大“芯片之城”“基因之城”规模。继续办好“世界半导体大会”等主场活动，借助“江苏发展大会”“金洽会”“创新周”等省市品牌活动，力争新引进龙头型、旗舰型、总部型企业40家，集成电路、生命健康产业新引进企业均超过100家，集成电路和生命健康产业规模分别突破500亿元和1 000亿元。

促进“新金融中心”资源集聚。发挥扬子江国际基金街区品牌作用，推动更多基金、保险、股权投资、资产管理等现代金融项目落户，新增新金融企业100家，力争集聚各类金融资本规模超过5 000亿元。

全力推动传统产业“动能转换”。支持中车浦镇、南汽等骨干企业培育更多新增长点。以提高新材料产业占比为目标，加快实现“腾笼换鸟”。继续服务好扬子石化、扬子巴斯夫等重点企业，做长做优石化、碳一两大核心产业链，培育更多百亿级企业，打造国内领先的绿色化工新材料园区。

3. 体制机制创新

打响自贸区“制度创新”品牌。对标世界银行营商环境评价核心指标，聚焦南京片区“三大功能定位”，加快推进122条省级任务和56条特色任务落地实施。全面落实南京片区“1+9”支持政策，创新出台更多支持引导政策。深化“放管服”改革，打造若干个在全国“叫得响”的改革品牌。

探索现代化试点“新区经验”。学习借鉴深圳等地现代化建设的经验做法，聚焦创新、开放、绿色等重点领域，以54项重点任务为抓手，突出“创新生态体系”打造，探索形成系统性经验。

4. 积极参与长三角一体化发展

紧扣“一体化”和“高质量”两大主题，推进跨界区域共建共享，为长三角一体化发展作出更大贡献。主动对接上海临港新片区，统筹推进长三角一体化发展规划纲要明确的北沿江高铁等近20项涉及新区的重点任务，与自贸区临港新片区建立更加紧密的协作关系，紧扣双方合作协议中明确的六大领域，强化分工合作、错位发展。加速宁淮特别合作区建设，对标广东“深汕合作区”，探索“总部+基地”“研发+生产”新模式，践行产城融合发展理念。重点聚焦2平方公里起步区，完成发展规划、空间规划和三年行动计划编制，围绕智能装备、半导体等制造业加大招商推介，努力形成“飞地经济”新增长点。深化省际毗邻地区协同发展，强化交通互联互通，加快实施宁合高速和104国道改扩建、356省道等交通一体化项目，实现与滁州、马鞍山等地的多点对接。以中车生产基地为纽带，建好顶山—汊河一体化发展示范区，积极打造先进制造业转型转移与跨区域发展合作典范。

5. 高标准建设管理

坚持城乡统筹一体发展理念，高水平编制国土空间总体规划，进一步优化南京新主城开发建设格局，2020年全年计划完成城建投资400亿元。聚焦核心区建设，实施老城更新，打造美丽乡村。积极实施美丽乡村建设和农村公厕新建改建等重点任务，进一步提升农村公路建设、养护、管理和服务水平。聚焦绿色发展，加快提高生态治理新水平。持续深化街道体制机制改革，强化街道服务职能，把治理触角延伸到离群众最近的地方。健全基层治理体系，完善群众参与社会治理的制度化渠道，构建多元共治、良性互动的社会治理共同体，创新社会治理新路径。强化生态环境治理，打赢蓝天保卫战，抓好大气污染治理，督促重点企业减排减煤。打好碧水保卫战，全面落实“河长制”，完成两个污水处理厂迁建扩建工程。推进净土保卫战，实现污染地块安全利用率达90%。

十四、福州新区

图2-28 福州新区东南大数据产业园

（一）2019年工作成效

1. 经济社会发展

2019年，福州新区实现地区生产总值2 169亿元，增长8.8%；规模以上工业增加值增长10.2%。福州新区以占全市7%的土地和20%的人口，实现了全市23.1%的地区生产总值和38.6%的规模以上工业增加值，为建设新福建发挥了重要拉动作用。

2. 体制机制创新

不断健全体制机制。按照“总量控制、档案留存、身份保留、全员聘任、按岗定薪、奖优汰劣”的原则，在滨海新城探索建立扁平高效、权责统一的管理模式。加快推动“三区”（福州新区、福建自贸区、福厦泉自创区）融合发展，完成“三区”联动运行机制与实施策略初步研究。

优化项目审批机制。积极做好17项省级行政许可承接以及省级权限代办和市级权限授权各功能区工作；复制滨海新城审批分中心做法，探索部分省级权限交由其他功能区代办；开发全国首个全流程电子化投标保函系统，全省首创现场刻章“零延时”，推行企业开办全程网上办“零见面”等改革举措。共受理省级和市级行政许可事项800余件、“证照分离”改革办件量共4 880件，压缩办理时间148天，精简材料75件。

推进自贸试验区改革创新。依托福建自贸区福州片区，推出创新举措92项，完成重点试验任务200项，6项试点经验在全国推广，20项获毕马威公司评估认定，11项为全国首创。

3. 招商引资和重大项目建设

2019年，福州新区坚持高质量发展落实赶超，积极融入福州市“三个年”（项目年、招商年、三产年）行动及“三个福州”（数字福州、海上福州、平台福州）建设，强化产业项目跟踪服务、问题协调，全力推动142项新区工业重点项目建设，总投资为1 937.4亿元；引进亿元以上项目80项，总投资额约1 000亿元。中景石化聚丙烯、友谊新材料三期、景丰6万吨锦纶、阿石创大型靶材改造、华映柔性显示创新研究中心实验室二期等90个项目开工建设；京东方8.5代新型半导体显示器件、新福兴新能源汽车玻璃产业园一期、坤彩3万吨珠光材料、金纶高纤三四期加弹扩建等47个项目投产或部分投产。

“数字福州”培育新动能。中国·福州物联网产业基地集聚华为、中量航天等156家物联网企业，被评为国家新型工业化产业示范基地、全国电子信息产业知名品牌示范区。成功举办第二届数字中国建设峰会，福州市荣获2019中国领军智慧城市奖，成立5G、城市大脑等产业联盟，福建省精准医学产业创新中心、大数据产业和精准医学产业初步成型。

4. 节约集约发展

全面推进滨海新城建设，完善滨海新城规划编制体系，核心区86平方公里控制性详细规划实现全覆盖。东南健康医疗大数据中心、贝瑞和康数字生命产业园等5批265个新城重点项目滚动开发，总投资3 148亿元，已开工145个，完工31个，完成投资930亿元，新城建设已具雏形。提速三江口组团建设，策划生成2019年重点项目135个，总投资919亿元，嘉里樟岚总部基地等59个项目已开工，完成投资41.81亿元。进一步完善海绵城市长效管理机制，三江口片区顺利通过国家海绵城市试点建设考核验收。加快琅岐岛综合开发，由国开金融、山水文园集团等项目投资方投资的琅岐文旅体验中心、田园综合体花海、望江楼度假中心、六旗主题乐园等项目有序推进，海峡旅游综合开发项目基本建成。

5. 融入“一带一路”

成功举办海峡两岸经贸交易会、海上丝绸之路国际博览会、丝绸之路国际电影节、海上丝绸之路国际旅游节等重大活动，积极探索“两国双园”模式，中国—印尼“两国双园”列入海上丝绸之路核心区建设重点项，中国—哈萨克斯坦国际农业产业合作区已签署框架协定。加快建设国家级邮轮旅游发展实验区，推动福州空港综合保税区申报设立工作。

图2-29 福州新区海峡青少年活动中心

（二）2020年工作展望

1. 提升科技创新能力

持续推动福州新区双创示范基地建设，推动知名院校在新区设立分院或分校，推动福州留学人员创业园在新区设立分园，吸引高校、科研院所人才到新区创业就业。加快推进科技创新平台建设，重点推动建设好国家发展改革委支持的双创平台建设项目；引进国内外众创服务机构及管理模式，发展壮大本土众创空间；积极发展“互联网+”创业创新服务，新建一批能够有效带动创新的双创综合服务平台，探索众创空间、孵化器、加速器和创新型产业集群协同发展的机制。落实完善省级企业技术创新、市级产学研扶持政策，组织实施重大技术攻关和产品研发、产学研联合开发、共性和关键技术开发等技术创新项目，促进科技成果在新区落地转化。

2. 做实做优做强实体经济

按照“三个福州”建设行动方案，推动福光光电产业园、公采产业园、文德医疗园等落地建设，发展壮大区块链、物联网、大数据、人工智能、健康医疗等战略性新兴产业，填平补齐产业链端，做大做强东南大数据产业园和国家级物联网产业基地。大力发展海洋经济，启动“海丝小镇”项目建设，打造集渔货上岸、精深加工、冷链物流、展示消费、海渔文旅于一体的渔业综合产业基地，壮大海洋经济规模。推动创建综合保税区，做大网易考拉、菜鸟网络等跨境电商龙头企业，打造跨境电商集聚区。围绕延长、壮大产业链的思路，加快发展临空经济区、元洪食品产业园等重点特色产业园，做好造链、补链、壮链等工作，培育形成一个龙头、带起一个链条、建成一个集群的发展态势，逐步建立起多元发展、多极支撑的现代产业体系。

3. 体制机制创新

进一步完善滨海新城开发建设体制机制改革创新工作，推动福州新区管理体制优势调整，构建扁平高效、权责统一的管理模式。进一步深化“放管服”改革，继续优化项目审批机制，积极承接省政府下放（委托）的17项省级行政许可事项。继续在新区复制推广“证照分离”经验，持续推进工程建设类项目审批改革，不断缩短审批时限。发挥国家级新区先行先试功能，在金融创新、区域综合开发、重大平台建设、建设要素保障等方面积极探索“三区”融合发展，提高开放开发水平。加快完善福州新区和平潭综合实验区两地沟通机制，重点率先推进滨海新城与平潭一体化发展进程及探索“前店后厂”合作模式，推进新区新城与平潭一体化发展。加快福州新区全国双创示范基地建设，持续开展“创响中国”福州站活动，推进东湖数字小镇双创示范空间等双创示范点建设。

4. 高水平对外开放

加快设立海关特殊监管区，优化整合福州出口加工区，建设国家级邮轮旅游发展实验区，争取获批福州空港综合保税区，积极申请设立跨境电子商务综合试验区等重大对外开放平台。推进中日产业合作示范区、“两国双园”建设，进一步加强与海上丝绸之路沿线国家和地区的海、空港合作和双向投资，积极开展海关、检验检疫、认证认可、标准计量等方面的合作试点，积极打造21世纪海上丝绸之路海上合作战略支点。深化“海上福州”建设，加快江阴港区6—9号泊位、松下港12—13号泊位以及机场二期工程等项目建设，积极开辟国内外新航线，提升口岸服务水平和通关效率，加快建设江阴国际深水大港和现代化国际空港。推动新区与周边发达经济圈对接融合，推动福莆宁同城化进程，探索与内陆地区的合作机制。

5. 高标准建设管理

按照组团开发产城融合、产城联动的思路，继续以滨海新城、三江口、琅岐岛等重点组团开发建设为重点，同步推动福清湾、江阴湾等重点区域开发建设，推进以人为核心的新型城镇化，打造高质量发展宜居宜业新区。通过设立分院分校、市县共建、市建省管等方式，加快滨海新城综合医院、福州市第一医院新院（一期）项目等医疗配套，清华附中、滨海实验学校、融侨双语学校、天津大学福州国际校区等教育配套，以及海峡青少年活动中心、滨海新城租赁房一期等公共服务配套建设，促进省、市优势教育、医疗、文化等资源辐射新区，扎实补齐民生短板，提升综合承载水平。积极争取政策支持，积极引进大型央企、国企和民企，利用社会资源来实现区域综合开发，实现产城融合快速发展。

十五、云南滇中新区

图2-30 云南滇中新区中石油云南分公司炼化厂

（一）2019年工作成效

1. 经济社会发展

2019年，云南滇中新区完成地区生产总值882.43亿元，增长8.5%；固定资产投资增长6.4%；规模以上工业增加值增长9.3%；社会消费品零售总额增长9.7%；地方一般公共预算收入完成87.85亿元，同比增长15.5%；招商引资实际到位内资445亿元，其中，工业招商引资243亿元。

2. 体制机制创新

体制机制方面，制定出台《关于组建专业招商引资队伍推行岗位聘用绩效考核的实施办法（试行）》，以充满活力的新型用人机制和激励机制，提振新区上下干事创业精气神。制定出台《云南滇中新区国有企业投资监督管理办法》等6项制度，扎实推进国企改革，健全完善国资监管机制。

人才支撑方面，制定出台《云南滇中新区产业人才引进1+X实施办法》《云南滇中新区“候鸟人才”实施办法》等人才政策文件，以政策优势集聚人才优势。

3. 招商引资和重大项目

2019年，滇中新区共签订产业类招商引资正式协议项目91个，协议投资总额1 679.8亿元。从项目数量及投资额来看，三产项目数量多且投资额较大，成为近年来的投资热点，主要集中在地产、大健康、文化旅游等领域。

重点项目建设快速推进，新能源汽车和装备制造产业方面，北汽（昆明）新能源汽车项目具备量产能力通过工信部生产准入审查，江铃新能源汽车下线新能源乘用车950辆，东风云汽一期试生产车辆900余台，中汽中心高原试验室一期进入试运营阶段。电子信息产业方面，京东方微显示器实现量产，中关村电子城建成封顶，氮化镓项目一标段封顶。石化产业方面，安宁祥丰30万吨合成氨项目已点火试生产，中石油昆仑燃气草铺项目主体工程完工，晓支经贸重油、梅塞尔气体等项目加快推进。商贸及现代物流产业方面，宝象万吨冷链港一期15万吨项目投入运营，航空物流园建设接近完工，空港普洛斯、宝能昆明临空物流中心、宝湾物流等项目开工建设，新加坡丰树物流、新城吾悦广场等项目加快推进。

4. 节约集约发展

在规划编制方面，编制实施各类规划53项，《云南滇中新区总体规划（2018—2035年）》已上报省规委办审批。小哨片区概念性空间发展规划及重要区域概念性城市设计编制完成，东盟产业城概念性空间发展规划设计完成第一阶段成果，昆明长水综合交通枢纽规划编制基本完成。安宁市被列为省级“四规合一”（国民经济和社会发展规划、城乡规划、土地利用规划、生态环境保护规划）试点城市，已完成“多规合一”规划编制。嵩明—空港片区专项规划进一步优化完善，基本形成“多规合一”规划成果。

在城镇化布局方面，新区加快实施直管区主体功能区战略，推动直管区按照自身主体功能定位发展，已形成“两片、十组团”的整体空间布局结构。即嵩明—空港片区和安宁片区，引导嵩明—空港片区融入主城，辐射联动曲靖方向发展，构筑形成“一港、双核、双轴、六组团”的组团式空间结构；引导安宁片区融入主城，辐射联动楚雄方向发展，构筑形成“一轴、一带、四组团”的组团式空间结构；构建“两带贯八片，多廊镶多点”的生态空间格局，实现“山、水、林、田、路、城”相生相依的生态网络体系。

5. 落实重大战略任务

推动长江经济带建设。全力推进蓝天、碧水、净土、国土绿化和城乡人居环境提升行动，按照《云南省长江经济带发展负面清单指南实施细则（试行）》要求，落实生态环境保护责任制，促进新区开发与生态建设相统一，产业发展与环境保护相融合。坚持以发展绿色经济为导向，大力发展科技含量高、资源消耗低、碳排放少的新兴产业，着力壮大新能源、节能环保、清洁生产产业，推进传统产业绿色改造，淘汰落后产能和技术，推进资源全面节约和循环利用，加快构建绿色低碳循环发展的经济体系。严格执行项目审批“环保一票否决制”和重点污染物总量控制制度，切实加强滇池流域及牛栏江流域环境保护工作，加大螳螂川、牛栏江等流域水环境污染防治和饮用水源地环境保护力度。随着临空产业园工业污水处理厂建成投运后，临空产业园区内实现污水零排放。

参与“一带一路”建设。吸引高端生产要素集聚，深度参与国际产业分工，融入全球产业链，提升企业核心竞争力，打造南亚东南亚辐射中心的重要支点。一是加快产业培育，打造产业平台和支撑，高水平打造三大千亿级产业园区平台，五大产业集群。二是高起点高标准推进新区开发建设，实现与云南自贸区昆明片区、综合保税区“三区”联动发展，复制推广自贸区改革试点经验，努力打造国际化经贸交流基地、云南特色产业创新基地、现代制造业示范基地。三是大力发展枢纽经济，云南省内规模最大、方式最全、辐射范围最广的长水综合交通枢纽项目正式启动。国际航线网络结构进一步优化，开通第6条洲际远程客运航线（昆明—圣彼得堡）以

图2-31 云南滇中新区东风云汽生产车间

及新开昆明直飞卡利博、雅加达、台中、梭罗、大阪、海防、伊斯兰堡等共8条国际及地区客运航线，国际航线达到86条，航线网络对辐射中心重要支点建设支撑作用进一步提升。2019年，长水国际机场旅客吞吐量4 807.6万人次，货邮吞吐量41.6万吨，旅客吞吐量全国排名第六。

（二）2020年工作展望

1. 关键领域科技创新

深入实施创新驱动发展战略，推动产学研各方开展深度合作和就地成果转化运用，高标准打造滇中科技创新园等创新平台，全力打造全省科技创新示范高地。加大对昆钢、祥丰石化、华新水泥、云内动力、昆线电缆等传统工业企业技改扶持力度，促进企业转型升级。加快构建5G产业体系，推动互联网、大数据、人工智能与实体经济深度融合。

2. 做实做优做强实体经济

新能源汽车和装备制造产业要着力抓好“量产见效”。加快推进北汽（昆明）新能源汽车实现量产，处理好东风云汽整体搬迁升级改造项目关键事项，加大江铃汽车项目全工艺建设推进力度，协助航天神州搬迁技改项目申报和升级整车生产资质，支持中汽中心国家高原机动车质量监督检验中心推进功能拓展。

电子信息产业要着力抓好“集聚集群”。围绕京东方微显示器等行业龙头，大力发展电子原材料、新型平板显示器、高性能集成电路等先进制造业，积极引入5G智能终端、电子穿戴设备、智能家居等消费电子类项目，培育壮大已入驻科技企业，逐步完善“芯、屏、器、核、网”产业链体系。

石化产业要着力抓好“强链延链”。依托中石油炼化项目，着力引进轻烃裂解综合利用、针状焦等下游产业，培育发展以有机原料、塑料加工、合成树脂、精细化学品及建筑材料为主的石化产业深加工群，逐步提升壮大石化产业规模质效。

3. 持续增强要素保障能力

在规划保障方面，年内要力争小哨国际新城、东盟产业城、长水综合交通枢纽片区的控制性详细规划和城市设计以及小哨国际新城绿色生态城区建设指标体系形成最终成果。在资金保障方面，要积极争取上级财政政策、资金支持，发行土地储备等专项债券，探索设立城市发展基金，撬动更多的社会资本参与新区建设。支持各国有平台公司拓宽融资渠道，积极开展企业债券、中期票据、PPN等市场化融资，不断增强直管国有企业再融资能力和市场竞争力。在用地保障方面，要积极探索试行差别化土地供应政策，灵活运用出让、租赁、先租后让、租让结合等供地方式，重点保障近期开发建设区域的土地供应。在服务保障方面，要紧盯土地征迁、项目审批、落地建设等关键环节，实施全方位、全流程跟踪管理服务，对重大项目要及时调度、精准服务，确保项目建设顺利推进。

4. 高水平对外开放

深化自贸区国际交流合作。高端商务和总部经济产业要着力抓好孵化培育，坚持高端、集聚、特色发展定位，结合实际按程序复制推广自贸试验区改革创新经验，借助自由贸易区、综合保税区等特殊开放区域政策红利，加快推进李其国门商圈、东盟产业城、小哨国际新城等重点片区项目导入，新建一批专业型、高端型、地标型商务楼宇，积极引入域外总部企业，孵化培育、发展壮大总部经济、楼宇经济。商贸及现代物流产业要着力抓好载体建设，依托综合保税区、临空产业园、航空物流园等园区平台，加快建立跨境电商交易平台，大力发展航空枢纽服务、临空商贸物流、跨境电子商务等中高端产业，打造面向南亚东南亚的线上线下国际物流枢纽。鼓励现有物流企业挂大联强，发展多式联运、冷链物流、智慧物流和信息物流，着力打造以南亚国际陆港、宝象万吨冷链港等为载体的综合智能化物流基地。

5. 高标准建设管理

加快交通市政项目建设。站在引领现代城市发展的高度，高标准推进交通市政基础设施建设。协调推进渝昆高铁、长水综合交通枢纽等重大项目建设，重点推进新区与昆明主城连接的市政主干道、快速路等交通大动脉项目建设。

提速基础配套项目建设。加快生产性和生活性配套设施建设，不断提升新区综合配套和服务能力。在电力项目上，要加快推进云桥、灵源输变电站和太平新城变电站等电力工程建设，确保110千瓦灵源输变电工程建成。在网络项目上，要加快5G网络建设，启动实施网络基站增量提质工程，加快推进武钢东片区、中石油北片区中国铁塔基站及配套工程建设。

十六、哈尔滨新区

图2-32 哈尔滨新区鸟瞰

（一）2019年工作成效

1. 经济社会发展

2019年，哈尔滨新区以习近平新时代中国特色社会主义思想为指引，按照“三区一极”战略定位，认真落实省市决策部署，加大先行先试力度，加快开发建设进度，新区功能和作用日益发挥、逐步显效。全年实现地区生产总值770.8亿元，同比增长9.3%，高于全省5.1个百分点；实现规模以上工业增加值368.7亿元，同比增长12.3%，高于全省2.8个百分点；实现固定资产投资299.5亿元，同比增长33.4%，高于全省27.1个百分点；实现一般公共预算收入36.4亿元，同比增长8.6%，高于全省10.2个百分点。

2. 体制机制创新

2019年完成改革任务101项，形成制度性、载体性、机制性成果31个。一是真正做到“一枚印章管审批”。将省、市、区487项三级行政许可，坚持“应划尽划”，97%的事项划转至行政审批局，全区35个区直部门中有33个“无审批”。二是分类实现“证照分离”全覆盖。公布“证照分离”改革事项清单202项，分类组织实施。围绕“双随机、一公开”、失信联合惩戒等，出台多项措施办法，加强事中事后监管。三是持续打造“承诺即开工”升级版。在“承诺即开工”改革的基础上，进一步试行轻微违法首错免罚，通过告知承诺制、普通项目免环评、联合验收等方式，全程减少审批环节，审批时间优化为拿地后9个工作日取得施工许可、18个工作日内完成不动产登记，“工业仓储类项目”在拿地的同时即可取得合法开工的全部手续。四是有效推动“办事不求人”。推出“办事不求人”237项清单，推出“我要做××”等多个高频事项主题套餐，实现一件事只需跑一次。五是探索实施综合执法改革。整合原分属14个部门的执法人员、67项职能、3 391项职权，实现“一支队伍管执法、队伍之外无执法”。

3. 招商引资和重大项目

招商引资实现重大突破。2019年，新区签约产业项目101个，完成协议引资额2 322.8亿元，其中引资百亿元以上的项目5个，万科中俄产业园、东北申威自主可控示范基地、长城计算机整机生产线等一批产业规模大、行业带动能力强的项目纷纷签约。

省市重点项目扎实推进。实施重点项目“三级包保”、存在问题“集同协调”、部门联动“综合会办”等工作机制，通过微信平台一天一反馈、工作例会一周一调度、专题推进会一月一总结，狠抓项目推进，全年为32个项目解决供地、供电、资金等方面问题53个，推动60个省市重点产业项目全部开复工，完成投资91.7亿元，11个项目投产运营。

4. 高效集约发展

加速提升宜居品质。坚持以民生保障为中心，制定出台《哈尔滨新区基础设施建设三年行动计划》，投入6.1亿元，启动了2批次、191项城建计划，落实了11项产业和民生水电配套服务项目。新区内俄气接收管线和中压管线建设相继完成，日供水、供气能力分别提升至21万立方米、100万立方米，新增供热面积332.7万平方米。全年新增常住人口10万人以上，核心区常住人口已达88万人。

5. 落实重大战略任务

深度参与“一带一路”建设。加快构建中俄全面合作重要承载区，拓展对俄合作产业链。建设对俄进出口加工园区，大力发展机电装备、新材料、绿色食品、生物医药等产品。构筑对俄合作物流链。整合对俄跨境电商物流，积极谋划以哈尔滨片区为主体、综保区和临空经济区为两翼的物流联动发展格局。深化对俄合作金融链。发挥哈尔滨银行对俄业务优势，重点建设对俄跨境人民币结算、全国卢布现钞交易、对俄离岸金融三大平台，着力打造俄罗斯境外金融业务首选地。强化对俄合作科创链。发挥新区国际科技合作基地请进来、重点企业走出去的作用，中俄联合推进科技成果转化和产业化开发。

图2-33 哈尔滨新区行政中心

（二）2020年工作展望

1. 提升科技创新能力

充分发挥市场在优化资源配置中的决定性作用，突出抓好“建设一个基地、搭建两个平台、拓展三个源头”工作，力求实现科技创新和成果转化能力由量变向质变的根本性提升。以黑龙江省工业技术研究院为载体，建设海智基地，构筑海外人才智力与新区创新驱动发展需求对接服务平台，加快国际化科技人才资源向新区集聚。以区内华为鲲鹏产业创新中心为承载，搭建5G技术成果转化平台；以华大基因东北研发中心和产业创新中心为承载，搭建生命科学创新成果转化平台。以哈尔滨工业大学建设的大科学工程和哈尔滨工业大学江北校区为承载，拓展航天科技领域原始创新技术开发源头；以哈尔滨工程大学建设的碧海产业园和哈尔滨工程大学江北校区为承载，拓展船海工程科学技术开发源头；三是以哈尔滨理工大学等省属高校搬迁打造新区大科学城为承载，拓展人工智能和区块链等前沿技术开发源头。

2. 做实做优做强实体经济

大力实施规划引领，高水平编制“十四五”发展规划。强化“五大产业”开发，加快构建战略性新兴产业与优势传统产业融合互促的产业集群。强化高端制造产业开发，推动主导产业提档升级。按照“特精专、高端化、集群化、融合化”的路径，做大做强直升机、燃气轮机、光电一体化装备、3D打印装备等行业，重点抓好哈飞、东安、东轻、碧海科技等产业园深度开发，为新区打造千亿级高端制造产业奠定基础。

3. 体制机制创新

打造精简高效管理体制。成立“招委会”，组建招商集团，在重点区域和国家设立招商代表处。设立高新区、经开区“执委会”。充分下放事权，形成“区本级注重经济发展，街镇侧重社会事务”的治理格局。

实施全员竞聘用人制度。将“以需定岗、绩效考核、薪酬激励”的用人制度改革拓展到党工委和管委会所属各部门，打破行政事业、编制内外等身份界限，实行全员竞聘、竞争择优的用人管理制度。推行部门考核结果与年度目标考核奖金包挂钩，个人考核结果与个人薪金等级和岗位变动挂钩的“两考核三挂钩”。

4. 高水平对外开放

以自贸区建设为承载，进一步参与“一带一路”建设，加快构建全方位对外开放新格局。加快外向型产业聚集。串联同江、抚远等边境口岸，共同打造“店”“厂”“仓”分立分设的“对外贸易共同体”，打造域外的哈尔滨新区港和哈尔滨新区机场。畅通对俄合作金融链。积极打造对俄金融结算中心，支持片区内企业对俄贸易本币结算，构建卢布自由贸易和兑换的生活场景。引导俄罗斯的科技成果和企业进入新区孵化，推动新区的企业走进俄罗斯市场。扩大会计、法律、咨询、经纪等专业服务领域的对外开放，集聚和壮大对俄科技服务产业。

5. 高标准建设管理

多梯度优化城市设计。坚持新区沿江岸线“两大都心、两大地标、八大乐章”设计理念，积极打造弘扬历史和开发新锐的两大城市繁华都心，着力塑造彰显新区理念和地貌的景星扬帆、深哈之恋、创园春雪、蓝色大厅、金色舞台、水晶双塔、白银世界、静谧港湾八大建筑乐章。规划建设更多的“五小街区”，配套完善景观绿地，合理规划智轨交通，创新利用地下空间，以高效统筹特色资源惠及居民。

十七、长春新区

图2-34 长春新区北湖国家湿地公园

（一）2019年工作成效

1. 经济社会发展

2019年，长春新区全区地区生产总值完成750.3亿元，同比增长6.4%；规模以上工业产值完成839.6亿元，同比增长5.2%；固定资产投资完成408.8亿元，同比增长16.2%；一般公共预算收入完成18.1亿元，同比增长8.8%，其中税收收入占比84%；各类市场主体月均增加800户，累计达到4.4万户，区域发展的质量和效益不断提高。

2. 体制机制创新

深化审批制度改革，营商环境实现大提升。深入开展“标准地+承诺制”改革，成功推出4块“标准地”，最快9个工作日内完成施工前所有审批手续；政务服务中心可办理30多个业务板块1 145项行政审批和公共服务事项，成为全省第一家全部门、全事项进驻的区本级政务服务中心。深入开展“万人助万企”行动，打造了高管微信群、企业家座谈会等服务品牌，涉企问题得到及时有效解决。组织企业开展市场拓展、科技成果转化、融资租赁路演、赴“双一流”高校招聘、域外培训等多渠道、多层次活动，全方位助力企业加快发展；推出“重点企业巡礼”活动，帮助137户重点企业在各级各类媒体宣传。新区在省委全面深化改革委员会的会议上做了以营商环境为主突破口的改革经验专题汇报，《吉林工作交流》2019年第12期给予刊发，《经济日报》头版头条进行了报道。

3. 招商引资和重大项目

深入实施专业化招商，实体经济不断积蓄发展势能。深化招商体制机制改革，创新搭建“专业招商局为主体、驻外招商为延伸、工商联及行业商会为补充”的立体化招商网络，紧盯实体经济项目，绘制招商地图，开展精准招商，从项目洽谈落位到开工建设以及投产达效实施“一条龙”服务，专业化招商取得明显成效。全年开展“走出去、请进来”招商活动近300次，引进内资187.42亿元、利用外资8 070万美元，新引进产业类项目109个，包括总投资300亿元的恒大长德文旅小镇、总投资40亿元的硅谷未来城、总投资14亿元的冰岛安沃生产基因工程抗体类药物、总投资13.43亿元的圣博玛生物医用材料和医疗器械、总投资8亿元的桃李面包烘焙食品生产基地等项目。

全力加快重大项目建设，主导产业规模不断壮大。深入落实“专班抓项目”行动，实施重大项目联席调度制度，组织开展春、秋两季项目集中开工，全年开工5 000万元以上项目174个，总投资1 377亿元，其中产业类项目93个，占比达53.5%。大力推进工业重大项目建设。总投资7.9亿元的装配式建筑产业园中润钢结构项目部分生产线进行生产，总投资50亿元的亚泰医药产业园交付使用，富奥翰昂新能源汽车零部件、一汽轿车红旗车型装备能力提升等一批产业项目基本竣工。加快生产性服务业重大项目建设，总投资50亿元的京东亚洲一号项目3栋单层库和2栋双层库全部完工；总投资50亿元的晰晰现代农业产业园总部大楼、研发大厦部分投入使用。扶持重点项目、加大创新力度，长光宇航公司在纤维复合材料研究方面处于国内领先地位，“吉林一号”卫星在轨卫星数增至16颗，开创我国航天领域多个第一。

4. 节约集约发展

深入推进产城融合发展，城市承载功能不断增强。长春新区入选国家城乡融合发展试验区。“三路七桥”累计投资38.4亿元，中科大街、兴福大路东段全线贯通，中科大街互通立交桥便道通车；国际物流园起步区7条道路部分实现通车，17条新建道路全面启动；空港开发区核心区主干路网基本形成，机场水电配套工程按时完工，确保了机场二期顺利投入使用、长吉高速正常通车；“数字新区”建设加快推进，“雪亮工程”部分上线，“智慧城市”完成系统平台软件搭建工作，“数字新区运行指挥中心”建设完成。

5. 落实重大战略任务

新一轮东北地区等老工业基地振兴全力推进产业转型升级。围绕打造东北地区战略性新兴产业集聚区，坚持向内抓存量与向外抓增量并重，加快培育新业态、新经济，2019年，战略性新兴产业产值实现270.8亿元，同比增长9%，形成以汽车及零部件、生物医药、新能源新材料、光电子、高端装备制造、精优食品等为主的产业协同、集群发展的强劲态势。全区各类特色产业园区发展到25个，入驻企业851家，规模以上工业企业达到170家，其中，年产值10亿元以上企业13家，初步形成龙头引领、多业并举的良好发展局面。

参与“一带一路”建设。着力提升两港功能。国际港完成核心区5平方公里基础设施建设，海关监管作业场所通过海关验收，中欧班列全年运行12列、货物运输量553厢；国际空港海关监管快件中心、保税物流园区B型等功能设施稳步推进建设。不断深化国际交流合作。中俄科技园先后建立了8个国际联合实验室，成为省内唯一的“国家级国际引智示范基地”；中白科技园主体建筑封顶，中日智能制造产业园与

图2-35　长春新区航天信息产业园

近20家日企达成合作意向。

（二）2020年工作展望

1. 关键领域科技创新

加快创新孵化载体建设，龙翔集团率先在北湖建设20万平方米的新型孵化器、加速器、标准厂房，吸引高校院所、龙头企业、中介机构等进驻；加快建设中关村创新中心、华为创新中心，北湖科技园三期全面投入运营，启动四期建设，入驻企业总数达到450家；进一步完善中国科学院（吉林）科技产业创新平台、省科技成果转移转化共同体功能，加快设立吉林省科技创新研究院，促进创新链与产业链的深度融合，推动科技成果加速转化。提升企业创新能力，加大科技投入力度，确保科技支出占一般公共预算财政收入达到8%以上，企业科技研发投入占地区生产总值比重达到2.5%以上；深入实施“创新券”制度，推动创新资源和市场需求有效对接，力争培育发掘一批高新技术企业、准独角兽企业、隐形冠军企业。

2. 做实做优做强实体经济

持续加大招商引资力度，深入研究国内外产业转移新趋势、新特点，围绕完善产业链条，全年谋划80个重大实体经济项目，开展重大招商活动30次以上，力争全年引进实体产业项目100个，其中5亿元以上项目20个；充分利用新制定的总部经济扶持政策和建成的商业综合体，以跨国公司、大型国企、优势民企为重点，引进总部经济项目4个、世界500强企业2家，加快形成具有新区特色的总部经济圈。

全面加快项目建设进度，深入落实“专班抓项目”行动，对所有重点项目都以专组、专人对接服务的方式，按时间节点及时解决项目落位中遇到困难和问题，全年确保5 000万元以上开复工项目200个以上。

3. 体制机制创新

深化管理体制机制改革。逐步将各开发区社会管理职能下沉到乡（街），进一步强化乡（街）服务职能，推进人员、政策等向基层倾斜，促进各开发区集中精力履行经济职能，全力以赴招商引资、服务企业、培育产业。

打造营商环境“升级版”。制定实施《长春新区打造一流营商环境新50条》，重点推进商事制度、工程建设项目审批、“一件事一次办”“告知承诺制”“政务服务驿站”“先租后让”等多项改革，争取审批时限再压缩、效率再提升；结合“万人助万企”行动，巩固企业家座谈会、高管微信群等品牌举措，探索“企业家午餐会”、投资项目“帮办团”等服务措施，引导提升企业家素质，营造新区特色的营商文化。

4. 高水平对外开放

进一步完善两港功能。国际陆港要全面启动二期6条道路建设，实现物流园区起步区10平方公里范围内主干路网基本完善，推动中欧班列运行100列；加快推进东北亚国际物流枢纽及国际商贸合作区项目，引进和培育国际贸易企业，打造外向型产业集聚区和对外开放的新平台。国际空港密切跟进机场三期规划修编，力争临空经济示范区早日获批、启动建设，加强通关设施建设和口岸功能申请，有效衔接港区功能。

加快国际合作园区建设。依托中俄、中白等国际合作园区建设，大力引进外向型经济和产业，培育国际贸易、国际物流、保税加工、展示交易、跨境电商等与海关监管作业区功能相匹配产业，打造外向型产业集聚区。

深化对口合作园区建设。推动吉浙新经济园区、津长产业园区建设，“带土移植”浙江先进政策、发展经验和管理团队，力争在飞地经济发展上取得新突破。以春湖工业园为载体，引入国际一流的先进技术、科学家、金融资本，建设国际金融科技创新中心，打造长春新区产业生态的“深圳窗口”。

5. 高标准建设管理

加快重大基础设施建设。“三路七桥”域外段年末全线贯通；进一步完善空港内联外通道路交通网络，形成四通八达的路网格局；不断完善北湖开发区基础设施，加快实施长德开发区中润、恒大等项目周边路网及配套设施建设，满足项目落位需要；加快打通高新区西南医药产业园周边路网，积极配合推进地铁6号线建设，不断提升区域发展承载功能。

持续改善生态环境。全面完成伊通河综合治理任务，加快推进饮马河干支流综合治理、污水管网联网疏通、长德污水处理厂提标扩能等工程；全面落实安全饮水工程建设，确保26项水质提升工程在年底前全部完成，到2020年底使全体百姓喝上放心水；要打好污染防治攻坚战，让新区的天更蓝、水更清、环境更优美。

提升精细化管理水平。加快编制新区国土空间规划，强化建筑颜色、外立面的规划设计管理，建设一批精品工程，努力形成新区特色风格；深入开展城市乱象集中整治，树立城市治理的一流品牌；要加快“数字新区”建设，推动智慧交通、智慧生活和智慧公共服务，提高城市智能化管理水平。

十八、江西赣江新区

图2-36 江西赣江新区儒乐湖新城CBD

（一）2019年工作成效

1. 经济社会发展

2019年，江西赣江新区全区地区生产总值完成820亿元，同比增长9.6%；规模以上工业营业收入2 331.35亿元，同比增长15.2%；固定资产投资同比增长15.5%；社会消费品零售总额216.42亿元，同比增长13.1%；出口总额124.0亿元，同比增长5.0%；实际利用外资12.88亿美元，同比增长14.9%。财政总收入132.25亿元，同比增长6.6%；一般预算收入64.26亿元，同比增长12.6%。

2. 体制机制创新

人才引进机制不断创新。坚持围绕产业建平台、依托平台聚人才的理念，研究出台了《赣江新区人才引进和培育实施办法》，中国工程院外籍院士余艾冰、“千人计划”专家陶虎等高层次人才陆续落户新区。成立了赣江新区高层次人才服务中心，成功创建了首个省级服务支持人才创新创业示范基地；大力发展人力资源产业，共青城人力资源产业园获批省级人力资源服务产业园；在中医药科创城首批购置100套商品房作为人才公寓，保障人才安居乐业。引进院士从新区成立前的1人增加至9人，国家“千人计划”专家从3人增加至10人，国家杰出青年等“国字号”高层次人才从6人增加至19人，为新区建设发展提供强力人才支撑和智力保障。

3. 加快科技创新步伐

推进新区产业向数字化、网络化、智能化、绿色化发展。鼓励企业技术改造，积极推动星火有机硅新建年产20万吨有机硅单体及配套装置、热电联产绿色能源替代、康佳新材料生产线产能提升等一批技术改造项目，累计技术改造投资超20亿元；2019年新区省级企业技术中心、两化融合示范企业、“专精特新”企业均实现零突破。推动银河表计二期智能工厂项目新建14 000平方米智能化车间，打造了全国首家全流程工业自动化智能化的智能电表生产基地；支持博信玻璃维信诺OLED申报2019年智能制造试点示范项目。

4. 招商引资和重大项目

2019年，新区引进项目224个，总投资1 300余亿元，其中百亿以上项目2个，如180亿元的万创城项目等；50亿至100亿元项目6个，如80亿元的奥克斯年产400万套智能家用空调项目、70亿元的绿色中医药生命健康孵化产业园和现代中药生产基地项目等；10亿至50亿元项目28个，如总投资35亿元的华润江中科创城现代中药生产基地项目等。不断引进的重大产业项目有力保证了新区项目接续不断、新增长点持续涌现。2019年新区共实施163个重大重点项目，其中新开工或在建的产业项目共94个，总投资1 028.32亿元，年度完成投资261.12亿元。

5. 节约集约发展

开展“亩产论英雄”试点。搭建了产业用地绩效评价管理系统，及时掌握新区各类企业的用水、用电以及亩均税收等情况，为“亩产论英雄”提供了数据支撑。以经开组团为试点，进行用地绩效评价，根据企业亩均税收由高到低将企业分为A、B、C、D类，另设X类（包括新增项目或转型项目的企业、高新技术企业等科技型企业），根据企业绩效评价结果，倒逼C、D类企业转型升级，鼓励A、B类企业进一步节约集约用地，提高亩均税收。

开展城镇低效用地再开发试点。一是统筹协调，高位推动。成立了以管委会主任为组长、各组团管委会专职主任和赣江新区相关部门主要负责人为成员的领导小组。二是建章立制，规范指导。印发规范性文件，指导城镇低效用地再开发摸底调查、标图入库、专项规划编制等工作。三是全面调查，摸清底数。经过调查摸底，赣江新区共确定城镇低效用地4 296.3亩，地块共计37块。编制完成《赣江新区城镇低效用地再开发专项规划》。

开展“增存挂钩”试点。一是规范管理控增量。在用地报批前，本着节约集约用地原则，做好项目用地预审，合理控制用地规模。二是清理闲置挖存量。成立中医药科创城闲置土地清理处置领导小组，对中医药科创城闲置土地进行摸排，逐宗地块建立档案，分析闲置原因，采取针对性处置措施。

6. 落实重大战略任务

加强区域合作。主动融入长江经济带、粤港澳大湾区和长三角一体化等国家战略。深化与北京中关村合作，巩固提升赣京、赣深经贸合作交流成果，国科生命科技园、中技所赣江科创中心、赣深港青年梦工场等项目建设加快推进，与深圳前海蛇口自贸片区合作共建的赣江新区产业发展研究院正式落地，与上海江西商会、境外商协会组织等交流合作更加密切，与中华全国工商业联合会医药业商会、上海中车城市交通、星景股权投资等建立起战略合作关系，开放空间不断拓宽。

图2-37 江西赣江新区江铃新能源汽车生产线

参与“一带一路”建设。充分发挥区位优势和交通禀赋，加快建设更高水平开放型经济新体制。加快构建全球化招商网络，设立了赣江新区墨尔本海外创新招商中心、美国硅谷风投区块链海外招商中心，以国际化视野拓宽招商渠道，以大开放推动新区大发展。

（二）2020年工作展望

1. 加快中医药科创城建设

举全区之力加快中医药科创城建设，努力在推动项目建设上实现新突破、在城市更新改造上达到新水平、在“招大引强”上开创新局面。围绕中药现代化、高端医疗器械、化学药新型制剂、疫苗、生物制品、保健品等业，加快构建协同创新的中医药产业体系，完善科技成果转化机制和产学研用合作机制。

2. 做实做优做强实体经济

全力以赴抓项目、抓招商、抓投资，优存量、扩增量、强储量，提升产业基础能力和产业链现代化水平。重点围绕高端装备制造、现代电子信息、现代生物医药、现代生产性和生活性服务业等产业，加快构建先进制造业、战略性新兴产业和现代服务为主的现代产业体系。紧盯“三类500强”企业和行业龙头企业，着力引进具有重大带动作用的大项目、好项目、高端项目，以高质量的产业项目支撑新区高质量发展。

3. 体制机制创新

持续用足用好国家级新区先行先试政策，将改革创新贯穿新区发展各个领域，构建全方位改革开放新格局。依靠改革优化营商环境，深化简政放权、放管结合、优化服务，推动资本、技术、人才等要素加速集聚，促进各类市场主体蓬勃发展。用改革的手段、市场的办法，统筹做好资金、土地、服务等要素保障，为项目落地建设创造条件，为发展转型集聚能量。坚持向存量土地要发展、要效益，加大低效用地“腾笼换鸟”力度。

4. 高水平对外开放

加强境外招商对接。加强与境外委托招商中心互动，适时组织“高访团”“小分队”出境开展新区系列活动，对接走访一批“5个100强”中医药企业，加大承接国际和沿海发达地区产业转移力度。加强与沿海发达地区园区、企业、社会组织建立合作关系，进一步推进新区与相关单位、企业的战略合作落到实处，巩固合作成果，明确目标任务，不断探索和继续扩大合作领域。

5. 高标准建设管理

围绕建设产城融合、城乡一体、生态宜居的现代化新区，加快推进以人为核心的新型城镇化，不断提升新区功能和品质。重点加快儒乐湖绿地健康文旅小镇、城市中央广场、区域基础设施等项目建设，加速推进赣江新区医院、赣江新区中学、赣江新区国际学校、国际健康城等配套功能项目建设，推动城市尽快出形象，人气商气加速集聚。

十九、河北雄安新区

（一）2019年工作成效

1. 体制机制创新

坚决落实党中央、国务院关于河北雄安新区全面深化改革和扩大开放的指导意见。加快完善“1+N”政策体系，配合有关部委陆续出台金融、开放、雄安标准、人力资源、户籍等配套改革方案，配合省委省政府制定印发细化落实方案，不断完善支持政策体系。研究制定政策文件，积极推进土地、住房、投融资等方面改革创新。推动社会组织登记管理试点，培育专业社会力量助力新区建设发展。推动雄安新区数据账户体系与省政务服务平台用户体系交叉验证、共享互认，初步建成具有雄安特色的独立PC政务服务门户网站和移动服务APP，实现新区政务服务用户体系与国家政务服务用户体系的无缝衔接。深化财政票据领域“放管服”改革，在全国率先推行财政电子票据管理。在全省率先以云平台形式搭建新区政府采购网上商城，降低政府采购成本，规范政府采购行为。督促指导三县圆满完成党政机构改革工作，协调设立雄安新区中级人民法院、检察分院、海关、税务局、气象局等单位，设立新区自贸片区管理委员会，推进优化新区管理体制改革。

2. 节约集约发展

坚持科学统筹调度，创新“一会三函”制度，加快项目审批，全力推进重点项目尽早落地、开工建设。年度重点项目全面进场，正在加快推进项目建设。入选全国第一批交通强国建设试点，轨道交通和基础设施建设不断加快，雄安高铁站综合交通枢纽工程稳步推进，容东片区安置房、雄东片区棚改安置房、白洋淀中村搬迁安置房建设全面启动，商务服务中心项目进入实质建设阶段，启动区和起步区关键性交通道路等开工建设。启动雄安新区数据中心和智慧公交、公共视频图像智能应用平台、块数据平台、物联网平台、智能办公、规建管系统等信息化项目建设工作，中国雄安集团院士工作站挂牌成立，数字信用体系建设形成常态化机制，雄安信用体系建设纳入京津冀联合试点。依托雄安市民服务中心开展城市治理、环境保护、城市建设、车路协同等智能化应用场景试验和示范建设，搭建智能化公共基础设施环境。

3. 推动京津冀协同发展

全面落实雄安新区规划纲要、总体规划和白洋淀规划，加快完善新区“1+4+26”规划体系，努力把每一寸土地都规划得清清楚楚。持续深化起步区东西轴线、南北轴线研究，完成启动区城市设计本册和11个片区城市建筑风貌设计工作方案。牢牢把握“北京非首都功能疏解集中承载地”的功能定位，努力营造良好的承接环境，不断增强对北京非首都功能和人口的吸引力。加快推进自贸试验区雄安片区建设，承接省级下放行政许可事项339项，提出69项自主创新措施，率先打造特色鲜明、有示范效应的集中承接平台。加快推进中关村科技园、启迪国际创新中心规划建设，打造全方位服务高科技中小企业的孵化平台。

（二）2020年工作展望

2020年是全面建成小康社会和“十三五”规划的收官之年，也是雄安新区全面转入大规模建设之年。雄安新区将坚持以习近平新时代中国特色社会主义思想为指导，深入学习贯彻习近平总书记关于雄安新区规划建设的重要讲话和指示批示精神，牢牢把握承接北京非首都功能疏解这个初心，紧紧围绕创造“雄安质量”、建设“廉洁雄安”，紧密结合雄安新区全面转入大规模建设的实际，突出抓好承接北京非首都功能疏解，突出抓好启动区、起步区、容东片区、昝岗片区等区域的高质量建设，突出抓好体制机制和政策创新，持续统筹推进规划体系完善、征迁安置、重点项目建设、生态环境保护、公共服务提升、民生保障等重点工作，不忘初心、牢记使命，勇于创新、奋力开拓，推进雄安新区规划建设迈出新步伐、取得新成效。

3

特色亮点篇
典型经验交流

国家级新区建设发展典型案例和主要做法

一、上海浦东新区："一业一证"审批制度改革

"一业一证"改革是指把一个行业准入在"政府侧"涉及的多个审批事项整合为"企业侧"的"一张许可证"，对进一步实现"照后减证"、破解"准入不准营"、增进市场主体获得感具有重要意义。2019年，浦东新区在"证照分离"改革基础上，在全国率先实施"一业一证"改革试点，努力从根本上破解企业"准入不准营"问题。

1.围绕流程再造，优化改革保障举措。一是梳理"一事"清单、夯实改革基础。基于1 380个国民经济行业小类，与524项市场准入审批事项作关联对应，最终梳理形成涉及两个以上审批的企业开业"129件事"清单。其中，涉及市场监管部门牵头推进的为28个；在新区首批试点的10个行业中，由市场监管部门牵头推进便利店、饭店、药店等8个行业的"一业一证"改革。二是落实"一帽牵头"、深化部门协同。围绕"一单告知"，对便利店、饭店、药店等8个试点行业的审批条件进行标准化集成，分别形成"一业一证"综合许可要素流程手册。针对8个业态共涉及8张许可证，其中6张由市场监管局核发，2张由区公安分局、烟草局核发的情况，第一时间牵头建立与相关部门的协调对接机制。三是对接一网通办、推进一键导航。按照新区将"一业一证"模块嵌入全市一网通办平台要求，及时推进行政审批系统与新区"一业一证"模块实时对接，综合形成材料清单和申请表式，配合推进收件、审批、发证系统建设，确保按节点实现在线申请功能，全面推进网上办、单窗办。

2.聚焦民生领域，率先在便利店业态试点实现"一证准营"。许可上"多证"变"一证"。改革前开便利店需申请办理《食品经营许可证》等5张许可证，改革后仅需申办一张《行业综合许可证》。流程上"串联"变"并联"。在提前服务、材料审核、现场检查等环节再造审批审核流程，变"串联"为"并联"，变"多套"为"一套"，办理时限压缩至5个工作日。材料上"繁多"变"精简"。将申请材料由改革前的53份压减至10份，减少81%；填表要素由改革前的313项减少至98项，减少69%。

3.准入监管衔接，推进行业健康发展。坚持"前端放得开、后端管得住"，建立

健全“一业一证”改革的事中事后监管机制，强化许可监管衔接、探索跨部门“双随机”检查、完善信用约束机制，拓展应用“六个双”（双告知、双反馈、双跟踪、双随机、双评估、双公示）政府综合监管功能，大力推进企业自律，加强协同监管、集约监管、信用监管。

二、天津滨海新区：全面开展开发区法定机构改革

天津滨海新区在区内5个开发区全面推行法定机构改革，依照法定授权履行行政管理与服务职责，并实行全员聘任，建立任期激励和考核激励制度，最大限度激发干部员工干事创业的激情和活力，充分发挥各开发区经济发展“野战军”和产业创新策源地的作用。

1.坚持和加强党的全面领导。在各开发区设立党委，实行党委常委制，设党委书记（兼管委会主任）1名、专职副书记1名、纪委书记1名，党委书记由区委提名，市委任命。在各开发区设立纪委，配齐配强纪委专职工作人员，依法依规履行监督执纪问责职责。

2.全面实施法定机构改革。全面完成各开发区条例（或管理规定）的修订工作，制定了《关于在滨海新区各开发区全面推行法定机构改革的指导意见》、系列配套管理办法和5个具体实施方案。各开发区依法规授权履行相应行政管理和服务职责。各开发区管委会副主任通过国内外公开竞聘方式产生，重点选拔熟悉开发区改革和创新发展工作、与职位要求相匹配的高素质专业人才。现有副主任符合选聘岗位要求的，可参与岗位选聘，与其他应聘人员同等对待、同台竞争、择优选用；不符合选聘岗位要求的，由市委、区委根据工作需要统筹安排。选聘后的各开发区管委会副主任，签订劳动合同和岗位聘用合同，聘期为3年。

3.科学设置调整内设机构。各开发区本着精简、高效、大部制的原则，确定了机构总数原则上应少于改革前的方案。依据与经济管理和投资服务职能的关联程度，内设机构岗位划分为招商引资、服务企业、综合管理三类，其中招商引资类岗位数应不低于岗位总数的20%，综合管理类岗位数应不高于岗位总数的30%。

4.实行授薪人员总额控制。各开发区授薪人员总额中超出现有行政事业编制人员的部分，应设立准入门槛，有序逐步补充，重点引进招商引资类专业人员。实行全员竞聘，面向全球公开选聘24名领导班子成员，1 600余名人员竞聘上岗。优化激励考核，完善岗位绩效工资分配制度，建立“季度考核+年度考核+任期考核”的考核体系，充分激发开发区干事创业的活力。

三、重庆两江新区：推出中小微企业“信易贷”，有效缓解融资难、融资贵

重庆两江新区开展全国中小微企业融资服务创新首次试点，采取“政府主导、企业主体、专业支撑、多方参与、协同创新”的运营模式，向注册、纳税关系在两江新区直管区范围内的中小微企业推出融资产品“信易贷”，此款产品为信用贷，单户贷款金额最高不超过500万元，原则上执行同期贷款基准利率。此举为新区4.2万余户企业（含2.8万户小微企业）提供了更多可比较选择的融资产品，有效缓解企业特别是中小微企业融资难、融资贵的问题。

1.整合国家和地方核心数据融合应用。建立数据共享机制，综合运用全国信用信息共享平台公共信用信息、政府部门登记的企业信用信息和企业市场信用信息，实现在企业融资服务的整合应用。建立企业金融大数据库，为构建企业信用贷风控模型和筛选、评价、监测预警等提供数据基础支撑。

2.搭建新区企业融资服务数据平台。在国家信息中心指导下，数联铭品科技公司开发建设企业融资服务大数据平台，工商银行通过该平台运行其大数据信用贷风控决策模型，实施开展“信易贷”从客户筛选到贷款发放的全流程业务。两江新区对工商银行以同期基准利率发放的贷款额度予以0.5%利息补贴，试行一年。通过大数据平台聚焦企业信用行为，积极推进社会信用体系建设，构建守信者获得激励，失信者处处受限的奖惩机制，不断提升两江新区企业信用水平。

3.构建多方参与的风险缓释机制。建立风险损失共担机制。两江新区管委会、工商银行重庆分行、数联铭品科技公司对两江新区直管区范围内的中小微企业贷款本金损失按照7：2：1的比例共同承担。设立风险补偿基金，前期为3 000万元。两江新区管委会出资比例为87.5%，数联铭品科技公司出资比例为12.5%。当风险补偿金达到累计发放贷款金额的3%时，启动书面风险预警机制，达到累计发放贷款金额的5%时暂停放贷。

四、浙江舟山群岛新区：建设国际航行船舶“一站式”通关服务平台

舟山作为典型的海港口岸城市，每年有1万艘次国际航行船舶直接进出口岸，平均每天在港国际航行船舶达140多艘次。船用燃料油加注、外轮供应、船舶维修等是舟山海事服务的主要产业，船舶服务则是舟山国际海事服务的重要“窗口”。为加快打造舟山国际海事服务基地，2019年，舟山船舶供退物料通关服务平台上线，舟山外轮供应通关业务实现“零跑动”，节省两次人力成本。同时，申报时间缩短为大约5分钟，给企业结余了1个小时，使其有足够时间开展供应业务。

传统做法的船舶供退物料主要包括一般物料、食品、饮用水和油污水等，申报内容和申报方式有所不同，但一般均需在海关申报窗口申报盖章，然后通过“单一窗口”向海关申报，供应结束后业务员持有船长签字的“供退物料申报单”在窗口核销，三个环节中两个是纸质单证，其中一般物料和食品各需5种纸质单证，中间一个网上申报。

采用创新做法后，通关服务平台上线，实现了无纸化申报，船舶供退物料申报流程优化为通过该平台申报和审批，供应结束核销只需把船长签字的物料添加申报单拍照传送至平台即可完成所有环节。随着线下申报的取消，船供企业、船舶清洗企业、港口企业等相关主体可全程无纸化通关，海关全程无纸化审批核注。舟山成为全国首个实现船舶在港期间无纸化管理口岸城市，真正实现了船舶进出境、在港期间全程无纸化。目前，该平台已实现油料、食品、船舶配件等物料供应以及油污水处置等主要通关业务全程无纸化，并标志着浙江自贸试验区国际航行船舶从进境、引航、保税油加注、物料供应等所有环节均实现通关无纸化，国际航行船舶“一站式”通关服务平台基本建成。

五、兰州新区：深入推进商事制度改革，激发市场主体活力

兰州新区深入推进商事制度改革，在全省推行“十个率先、一个突破”改革举措，打造了全省注册登记便利化改革新样板，企业开办从营业执照核发、银行三方协调签订、公司刻章到税务登记、社保登记等多个环节只需3个工作日即可完成。通过以上改革措施，兰州新区营商环境大大优化。市场主体由2012年的4 391户增长到2019年的20 477户，持续保持年均30%左右的增长速度。

1.率先出台注册登记便利化改革。制定出台《兰州新区关于进一步优化营商环境推动注册登记便利化改革若干措施》，推行住所自主承诺申报和容缺登记制，申请人出具《容缺登记承诺书》，可先行核发营业执照。

2.率先推行多平台登记服务。加速推进注册登记全程电子化改革，开通了微信办照，在商业集中区域设立了12个市场主体登记便民服务点，为办事群众提供无偿帮办服务和就近办理，解决了服务群众“最后一公里”的问题。

3.率先推行“主营行业+自主申报”经营范围登记模式。市场主体在设立登记时，营业执照经营范围只记载主营经营项目，其余经营项目由申请人依法自主选择开展经营活动，最大限度释放市场主体经营自主权。

4.率先颁发了全省首个证照分离改革营业执照。2018年6月4日，颁发了全省首个证照分离改革营业执照，并将市场主体开办登记信息推送到省文化厅，为在全省全面推广证照分离改革提供了可复制、可推广的经验。

5.率先取消了股权质押登记中不必要的环节。简化股权质押登记工作流程，取消了出质人在甘肃省股权交易中心股权托管流程环节，由出质人及质权人直接通过网上申请、提交材料后，实行当场受理、审核、办结，降低了企业融资成本。2019年，完成股权质押62件，股权质押金额55.38亿元。

六、广州南沙新区：创新不动产抵押项下跨境融资模式

南沙区积极协助境内外商业银行与人民银行、外汇管理、规划和自然资源、地方金融监督等部门以及境内外律师事务所加强沟通衔接，构建跨区域、跨行业的不动产跨境抵押业务沟通协调机制。推动粤港澳大湾区金融市场互联互通，打通境内外资金、资产流通渠道，为企业盘活境内优质资产、降低融资成本提供更多元化的渠道。

交通银行广东自贸试验区南沙分行联动交通银行香港分行,为区内某民营企业设计了不动产抵押项下跨境融资方案，将企业位于南沙区内的不动产抵押给交通银行香港分行，成功办理全国首例中资银行境外分行不动产抵押项下跨境融资业务，引入境外低成本贷款4 000万元，资金由香港分行汇入企业在交通银行南沙分行开立的外债专户，企业也将通过该专户还本付息。

该业务模式创新打通了境内外资金、资产流通渠道，为解决民营企业融资难、融资贵难题提供了宝贵的实践经验。现南沙区已制定《广州南沙不动产跨境抵押登记操作规范》，在南沙全区范围内推广跨境融资项下不动产抵押登记业务。

七、陕西西咸新区：搭建“互联网+”就业服务新模式

陕西西咸新区搭建“西咸人才”公共就业综合信息服务平台，一方面对各类社会信息数据进行采集、整理、统计和分析，为整个就业工作的信息化提供支撑；另一方面整合用人单位和劳动者的基础信息资源，创新服务方式，优化区域营商环境，打通就业服务的“最后一公里”。同时，综合利用新媒体、互联网、可移动便携设备、触屏系统等，实现“线上平台+线下大厅”联动服务，使线上资料上传、资格审核、信息自主更新与线下现场人才洽谈会协同进行，优化服务流程，减少群众跑路，化解就业信息宣传不到位、就业服务覆盖不全面等难题。

1.以“西咸人才”网站为基础，结合招聘大厅展位提供服务。平台为企业和个人提供独有账号及操作页面，平台管理员可以上传资讯、发布招聘会期、接收企业预订报名、审核企业资料、审核人才简历、布置展位、生成企业招聘海报、生成企业招聘信息二维码等；企业可在线上传营业执照、企业简介、招聘信息、预定展会等；个人可通过注册账号填写简历、自荐信、获取展会信息、投递简历等。同时，通过“西咸人才”微信公众号，实现手机与电脑同等操作。

2.开设西咸新区人才市场，举办线下现场招聘会，并对企业和求职者全部实行免费参会。招聘会现场设计80个展位，分为36个电视展位和44个灵活展位。电视展位在招聘会现场有信息变动时可以随时编辑更正。灵活展位区可根据需要自由组合，为企业设置宣讲会场或提供会场政策咨询或开设就业培训等服务。同时，通过系统统计招聘会参会企业数量、职位数量、收取简历数量等数据分析信息。

3.搭建触屏子系统，提供就业服务工作站的基础服务设备，解决新区服务群众分散、服务人员不足问题。收集企业个体等招聘需求，以及高校毕业生、退役军人、待业青年以及有就业能力和就业愿望的残疾人的求职需求，并根据需求进行职位匹配和智能推送。

4.通过系统来编辑制作《西咸e就业》杂志。系统设置杂志模板，可根据需求自行采集信息，按区域等排布，生成《西咸e就业》求职招聘杂志，经过核稿后可直接印刷。

八、贵州贵安新区：构建审批服务“六个一”新模式

贵安新区作为全国相对集中的行政许可权改革试点之一，结合行政审批局和政务服务中心合署办公实际，积极构建行政审批“一章审批、一网审管、一单规范”和政务服务“一号申请、一窗受理、一网通办”“六个一”新模式，得到李克强总理批示肯定，获全国“互联网+政务服务”“创新性优秀”等多项奖励、称号并交流推广。

1.一章审批简政放权。2015年8月，省编委办批复成立贵安新区行政审批局后，把新区7家内设机构95%行政许可集中划转至行政审批局，取消30项、备案37项、下放乡镇11项，将保留的268项行政审批事项精简为98项，通过再造流程、优化程序，审批提速85%以上。同时，开展“减证便民”专项行动，无法律法规依据证明一律取消，共清理出证明材料328项，取消99项、保留229项，并公布后实施。

2.一网审管集成系统。出台审管分离实施办法等制度，从权责界定、衔接机制、监督管理等方面对审管分离细化明确，积极构建审批云、监管云、监督云、招商云、证照云、分析云“六朵云”平台，探索审管同步、公开透明、全程留痕新路。同时，强化审批、监管工作信息共享、工作联动，推进重要行政许可事项审批后动态核查。截至2019年底，新区市场主体总数达2万多户，注册资本金超5 000亿元。

3.一单规范理顺职责。探索编制98项审批标准清单，明确细化事项名称、受理部门、申请材料、审批流程、审查标准、办理时限、收费标准等14项内容，对内规范管理让政府有权不任性，对外精确指引模块化流水作业让群众明白办事。完成3 098个政务服务事项（4+X+公共服务）办事指南编制核查，编制申请材料范本7 851份，梳理并公开21个集成套餐服务事项清单，服务引导更加精准便捷。

4.一号申请信息共享。全面梳理涉及群众、企业办事审批服务事项，建设企业公民电子证照库，构建了以个人身份证号码、企业社会信用代码为唯一标识的共享体系。按照谁审批、谁生成原则，只要在平台提交过一次办事资料即可实现“一次生成、多方复用、一库管理、互认共享”，从源头上避免重复提交材料。

5.一窗受理统一入口。对13家部门269项审批服务事项进行标准化、目录化处

理，明确申请材料、审查标准等38个要素，把网上办事大厅、审批服务系统整合，把三大类综合窗口整合为无差别受理窗口。同时，完善受理、审批、出证“三分离”和“前台一窗受理、后台分类审批、统一窗口出件”政务服务，办事平均等候时间从过去30分钟缩短至10分钟以内，服务对象满意率达到99.5%。

6.一网通办融合联通。把新区审批服务部门、乡镇、园区、村（社区）审批服务事项全部纳入，构建网上办事大厅、实体办事大厅、移动客户端、自助终端等多渠道、多形式相结合政务服务一网办通，其中构建市场主体注册登记“三无”微信全程电子化新模式，立体式政务服务“服务网”逐渐建立。3 349多项政务服务事项可网上办理，网上可办率达96.45%，越来越多企业群众优先选择从网上办事。

九、青岛西海岸新区：实行“一证（照）通”改革，着力破解企业“准入不准营”难题

2019年以来，青岛西海岸新区不断深化“放管服”改革，加快推进流程再造、一次办好，为小央美儿美术培训学校等111家单位办理“一证（照）通”业务，从根本上破解了企业“准入不准营”问题。目前，27类行业由原来的450份材料合并减少为283份，减少37%，提交材料由原来的1式3份减为1式1份，周期最长的行业办理时限由原来的28天缩为15天，缩减46.4%，受到办事群众一致好评。相关做法被人民网、《光明日报》《大众日报》等数十家权威媒体刊发报道。

1.流程再造，实现一张证照“闯天下”。从重塑流程入手，进一步减少审批环节，简化办事程序，降低企业办事成本。一是整合审批链条，进行一次办成一件事的全链条流程再造；二是精简申报环节。健全完善行政审批制度规范，确保行政审批标准化。三是打破信息孤岛。申办人可通过山东政务服务网西海岸新区“一证（照）通”模块选择相关行业，按要求上传提交相关信息、材料后，系统立即自动转至后台审批，实现全程网办“零跑腿”。

2.便利出新，探索推行“六个一”模式。以服务对象为中心，刀刃向内，自我革命，最大程度地减轻企业负担，持续提升企业群众办事便利度和获得感。通过一张清单、一单告知、一套材料、一口核准、一业一证（照）、一证通检模式，极大提升行政服务效能。

3.转变思路，健全事中事后监管机制。创新完善“双随机一公开双评价双共享”新型监管模式，从原来的“重审批、轻监管”向“宽准入、严监管、强服务”转变。

十、大连金普新区：探索东北老工业基地国有企业混合所有制改革“冰山模式”新路径

大连冰山集团有限公司以混合所有制改革为突破，以大力发展智能制造、构建综合服务体系为核心，开创了“1+2”冰山改革模式，实现了事业发展共担、事业成果共享的良好格局，走出了一条独具特色的东北国有企业改革之路，对全国准备进行相似改革的企业具有重要借鉴意义。

目前，大连冰山集团主持或参与制定的国家或行业标准达到73项，集团有效专利累计752项，每年新增专利约160项，同时市场影响力也逐步扩大，集团新产品销售收入增长25%以上。

1.深化混合所有制改革，形成长效激励机制。大连冰山集团早在2008年就已率先启动第一次混合所有制改革。经过两次混改，大连冰山集团由一家国有独资公司转变为股权多元化的中外合资企业，经营管理层持股比例达到10%，形成了事业和利益共同体，经营管理效率大幅提升，进一步扩大了经营团队（包括研发、管理人员和业务骨干）的持股范围和持股比率，为集团实现跨越式发展准备了条件。

2.发挥智能制造示范作用，实现主体产业全面升级，推进创新创业。一是依托智能制造改造传统产业，实现制造设备更新，设计制造软件升级和产品升级换代同步匹配；二是依托绿色制造，打造冷热装备的智能制造示范基地，依靠智能制造技术和信息技术等综合因素，全面规划生产、物流、工艺及库存等业务流程，提升工厂的运行效率，推动产业优化和升级，优化制造流程，应用绿色低碳技术建设厂房，集约利用厂区空间。

3.构建综合服务体系。一是陆续运用资本整合资源，全资组建了大连冰山集团工程有限公司和冰山技术服务（大连）有限公司，依托互联网、云平台、大数据的智能服务网络，完善了冰山服务体系；二是利用搬迁后的老厂区，与南方设计院合资成立大连冰山慧谷发展有限公司，汇聚创新创业人才，发展工业设计等现代服务产业；三是凭借新区融资租赁政策优势，与东京盛世利株式会社合资成立华慧达融资租赁公司，开展融资租赁业务，为大连冰山集团各成员企业的客户提供灵活多样的

融资服务；四是重点培育发展与物联网、大数据、“互联网+”紧密相关的高新技术企业，把冰山的冷热产品、工程和服务，通过互联网连成线、织成网，覆盖整个市场网络，构建了“互联网+”时代的新型冷热服务体系。

十一、四川天府新区：探索以产出为导向的土地资源配置制度改革

四川天府新区探索以产出为导向的土地资源配置制度改革，大力促进土地要素科学高效配置，实现生态价值、经济价值双增值，为加快建设全面体现新发展理念的公园城市提供了有力支撑。

1.开展土地价格梯度动态管控。细化完善土地价格引导机制，按用途分类开展土地定级和基准地价动态更新工作，形成五个等级、四大类、13小类的差异化土地价格，相同区位不同产业类型土地价差扩大到27%，促进土地资源与产业生态圈的重点领域、新兴业态精准匹配。

2.严格项目土地准入和监管。实行项目组、功能区、管委会三级评审，把业态能级、建设规模、投资强度、自持比例和亩均产出效益5项指标作为产业准入和土地供应的重要标尺。同时，加强项目建设动态监管，分类处置36个未充分履约项目，动真碰硬收回3 300亩闲置土地。

3.优先开发高生态价值项目。坚持“把生态价值考虑进去”，累计投入生态建设资金400余亿元，构建二绕、鹿溪河、北部三大生态绿隔走廊，东风渠、鹿溪河、锦江三大生态带，兴隆湖等17个重大生态项目，形成绿地湿地1.5万亩、河湖水体1.3万亩，自持临河临绿高生态价值资产28万平方米，绿地率平均每年提高3.7个百分点。同时，生态价值转化投资价值，吸引社会投资近7 000亿元。

4.完善产业项目综合开发机制。改变“摊大饼”式传统开发方式，采取组群嵌套布局，以“人”字形绿廊串联北部天府总部商务区、中部成都科学城和南部天府文创城三大产业功能区，联合知名城市运营商实施产城单元整体开发。近三年来，出让土地63%用于产业功能区建设，年均税收达到91万元/亩。同时，探索实施混合用地，推动土地资源在有限空间形成最优配比。

十二、湖南湘江新区：以产业链为抓手推动制造业高质量发展

近年来，湖南湘江新区以优势特色产业链为主抓手，紧盯招商引资、项目建设、产业生态优化等关键环节，加强建链、强链、补链、延链工作，助推制造业高质量发展和新旧动能转换。

1.紧盯优势特色产业链抓制造业。结合新区发展基础和未来趋势，明确“10+6”（含工程机械、新材料等10条高端制造业产业链，以及现代金融、文化旅游等6条高端服务业产业链）作为新区特色优势产业链予以重点推进。

2.紧盯新兴动能培育抓制造业。为主动抢占未来制造业发展制高点，湖南湘江新区主动拥抱人工智能、区块链、移动互联网等未来技术，以智能网联汽车产业为重点，着力推进湘江智谷建设。

3.紧盯重大产业项目抓制造业。开展“产业项目建设年”活动，以高质量项目引领制造业高质量发展。一方面，全力实施招商引资“一号工程”和重大招商项目首席责任制，突出抓好招大引强工作。另一方面，全力推进重大产业项目建设。

4.紧盯产业生态建设抓制造业。一方面，通过引进龙头企业，带动产业资源集聚入驻和优化配置。另一方面，注重以专场活动营造浓厚的产业发展范围。2019年举办了互联网岳麓峰会、全球初创企业GSA大会等活动，促进人才、资本、技术等要素融合对接的同时，吸引大批产业项目和优质企业落户新区发展。

十三、南京江北新区：深入探索“信用+承诺”绿色直通审批新模式

近年来，江北新区持续围绕“简政放权、放管结合、优化服务”，转变政府职能、集约审批方式、优化审批服务，将社会信用体系建设与企业项目审批充分结合，首创“信用+承诺”绿色直通审批模式，确立企业投资主体地位，强化政府对企业投资活动的服务，弱化前置审批，在依法依规前提下，企业可凭借良好信用，自主决策、自担风险、自行调节、自律管理。

1.重构模式，缩短周期。自2017年底起，江北新区在全国率先开展“信用承诺制”改革试点。由新区审改办牵头梳理拟纳入“信用承诺制”改革试点项目；建立“政府定标准，企业作承诺、过程强监管、信用有褒惩”的新型企业投资项目管理框架和模式，变项目审批从“先批后建”为“先建后验”。

2.优化路径，扩大范围。通过政府部门主动“三联合”。对于拟列入试点项目，由相关部局先行联合预审，根据反馈意见召开项目现场会；再由相关部局联合踏勘，确定拟列入“信用承诺制”的项目名单；在确认企业及法人的相关信用信息后，由新区各部局联合审验、严格把关，待施工图技术性预审通过即发放施工登记函开工建设，相关行政许可手续同步办理，变“部门审批把关”为“企业信用约束”。

3.绿色直通、信用监管。通过“信用承诺制”改革系统研发，实现审批、监管、信用“三联动”，为改革推进提供坚实保障。对“信用分”实施“后评价”，并充分发挥信用监管在综合监管中的基础性作用，实现信用信息的可管理、可监督、可跟踪、可评价的闭环管理；对于在建设过程中诚实守信、遵守承诺的企业，列入红榜名单，在今后各类审批中开启“承诺即办”的绿色通道；对于存在失信行为的企业及相关责任人，记入公共信用信息系统，情节严重将列入信用黑名单。

十四、福州新区：探索“两国双园”模式

“两国双园”是指两个主权国家在对方境内互设园区、联动发展的一种新型产能合作方式，主要围绕国际食品产业链、供应链、价值链分工合作，建设双向投资、贸易的高效通道，构建互联互通的新途径、新平台。福州新区着力发挥海外华人华侨资源，积极发展与“一带一路”沿线国家合作，并立足新区先行先试的政策优势，紧紧围绕做大做强做精食品产业这一主业，积极探索“两国双园”模式，有效推动园区由传统加工制造园区向科工贸一体化专业园区高质量转型。

1.中国–印尼“两国双园”。该园是以全球华人华侨合作为主题，以食品产业为重点领域，与印尼重要华人企业合作创建的。中方选址福清元洪投资区，印尼方拟选爪哇岛临港工业园区，打造中国、印尼两国资本、商品、技术、信息、人才交往的中心，加快福州–爪哇的港口互通、航线直通、关检合作与贸易联通，实现“21世纪海上丝绸之路”倡议与印尼“全球海洋支点”设想的全面对接，积极探索落实“一带一路”倡议的地方实践，形成具有示范效应与全局影响力的经贸合作新平台。

2.中国–哈萨克斯坦国际农业产业合作区以服务农业对外投资贸易为核心。中方选址福清元洪投资区，哈方拟选址巴普洛达尔州，采用“一园多区、合作开发、产业链条一体化”的发展模式，相互投资、联合招商、协同管理，形成可复制可推广的跨境农业合作区经验。

目前，中国–印尼“两国双园”、中国–哈萨克斯坦国际农产业合作区相关前期工作正在有序推进，其中中国–印尼“两国双园”已列入国家发展改革委国际合作司《中国–印尼产能与工业合作重点项目清单（2019—2020）》，被福建省政府、福州市政府列入海上丝绸之路核心区建设重点项目。2019年9月，福州市政府与哈萨克斯坦巴甫洛达尔州在北京签署共建中国–哈萨克斯坦“一带一路”国际农产业合作区框架协定。

十五、云南滇中新区：建规范、优服务，打造一流政务服务环境

近年来，云南滇中新区下大力气优化政务服务质量，打造功能完善、机制健全、线上线下一体、运行顺畅的政务服务环境，促进新区营商环境持续提升。

1.聚集服务资源，力争办事“只进一扇门”。着力打造功能完善、机制健全、线上线下一体、运行顺畅的政务服务综合平台，统筹协调新区和空港经济区等单位和部门，将新区的自助办税、中小企业服务等事项纳入新区政务服务中心，实施“一窗式受理、一站式集成”服务，便利企业和群众办事“只进一扇门”。

2.优化功能整合，推动办事“只到一个窗”。按照行政审批服务事项类别在政务服务中心设立投资项目审批、市场准入、交易监管服务三大功能分区，实现服务便民、办事便捷、流程易懂、功能清晰、特色鲜明、亮点突出的政务服务功能，同时要求各窗口认真履行好窗口职责，按照“一号一窗一网”工作要求，落实新区审批事项“一号申请、一窗受理、一网通办，一窗发证”，推动办事“只到一个窗，只上一张网”。

3.优化服务方式，推进办事“最多跑一次”。发布了新区直接受理、马上办、最多跑一次事项清单，对外公示“直接受理”事项52项，“马上办”事项20项，“最多跑一次”事项40项，拓展和深化了新区“最多跑一次”目录清单，不断提升政务服务事项办理效率。

4.建立服务标准，推动办事规范效能有提升。为确保政务中心“纪律作风新提升、形象面貌新提振、服务效率新提高”，制定了云南滇中新区政务服务中心窗口工作标准规范等制度规范，充实完善新区政务服务环境，打造配套制度体系，进一步强化了新区政务服务中心管理，提升了政务服务形象。

5.优化建设工程招投标交易流程，促进公共资源交易公开透明。进一步精简交易流程，将招标条件备案优化为由招标人（招标代理机构）在“昆明市公共资源交易电子服务系统”填写招标信息和办理入场申请。开展EPC总承包专项检查，强化新区重大建设项目招投标监管，推动新区公共资源交易市场规范有序。细化交易监

管服务保障措施，主动融入和服务重大项目建设，赴新区直管国有企业和其他企业针对性开展上门“零距离”服务，集中解决项目推进中招投标和中介超市存在的困难和问题，推进新区项目快速落地、快速开工，降低企业运营成本。有力推动了项目实施。

十六、哈尔滨新区："带土移植"深圳经验，探索建立深哈合作背景下的飞地经济模式

2017年3月，国务院印发了《东北地区与东部地区部分省市对口合作工作方案》，正式拉开了深圳和哈尔滨市开展对口合作的序幕。2019年5月9日，深哈两市签订了《共建深圳（哈尔滨）产业园区合作协议》，为哈尔滨新区创新"飞地经济"模式拉开了序幕。

1.成立独立运行管理机构，试行"六深"模式的管理方法。由深圳市特区建设发展集团有限公司、深圳市基础设施投资基金合伙企业（有限合伙）、哈尔滨水务投资集团有限公司共同出资设立了哈尔滨深圳产业园投资开发有限公司，作为深圳（哈尔滨）产业园区的管理机构，负责园区的规划建设和运营管理，对1.53平方公里起步区的园区建设从规划到招商等全部实施封闭运行，引入深圳团队、深圳体制机制、深圳政策体系、深圳理念、深圳作风及深圳精神的"六深"模式，把"飞地"彻底变"特区"，把"园区"彻底变"深圳"。

2.深哈两地合作共建，打造南北零距离的深圳面貌。深圳特建发集团组织深圳规划院、中国（深圳）综合开发研究院、南山科技事务所、高力国际等深圳团队全面参与规划和政策制定，采取全深圳团队支撑、全深圳要素引入、全深圳体制机制推进的模式，先后完成了26平方公里构建"4+1"产业体系，1.53平方公里构建"3+1"产业体系，首期20万平方米打造第四代现代化产业园区。全面构建了"1+1+4+N"政策体系，为园区启动建设打下坚实基础。同时，创新企业服务中心运营模式，打造政府主导支持、市场化运营的政企共建企业服务中心，对园区政务服务事项全面推行"代办制"，投资建设项目审批实行"承诺制＋代办制"，全面采取"深圳服务"。

3."带土移植"深圳经验，倒逼新区体制机制改革。学习借鉴深圳高质量发展的标准、政策和体制机制，整体"带土移植"深圳制度，创新体制机制，做到飞地内的机构即为深圳机构、飞地内的政策即为深圳政策、飞地内的服务即为深圳服务，全面开放培育深圳"土壤"，用深圳的"土"种深圳的"花"，结哈尔滨的"果"。

目前，已有深圳企业服务中心营运模式、新型工业用地MO土地出让方式、招投标评定分离机制、进出口及首台（套）设备税收减免政策、鼓励科技创新成果转化、土地作价出资入股等10余项深圳经验在新区落地。

十七、长春新区：全面提升企业服务工作水平

长春新区紧紧围绕“当尖兵、作表率”工作目标，加快提升涉企服务水平，打通服务企业“最后一公里”，重点实施“四项行动”，优化发展“四个环境”，有力助推了企业提质增效，促进了新区经济稳健发展。截至2019年底，全区各类市场主体月均增加800户，累计达到4.4万户；“四上”企业达到502家。全区民营经济主营业务收入891.9亿元，同比增长23.5%，27家企业认定为全市百强民营企业。《人民日报》《经济日报》等多家主流媒体报道了长春新区提升企业服务水平的创新做法。

1.实施服务质量提升行动，打造更加宽松便捷的市场环境。建立健全各级政务服务组织体系，构建管理机构、实体大厅、网上平台三位一体服务管理模式，让信息多跑路、企业少跑腿。开展率先实行企业设立“零成本”服务、专人全程辅导企业申报服务、“我是企业我如何”跟办体验服务、全流程提供领办帮办服务，以“专班抓项目”为抓手，建立签约落地项目推进组，专人对项目手续办理情况进行全程跟踪和帮办。

2.实施营商文化涵养行动，打造更加优质高效的营商环境。围绕重商、开放、法治、共赢等营商文化内涵，建立创新“万人助万企”服务机制、优秀企业家培训机制、全方位需求反馈机制、全流程精细服务机制等“四项机制”，着力营造有利于企业家干事创业的良好环境，进一步激发企业家创新活力和创造潜能。

3.实施企业降本减负行动，打造更加支撑有力的政策环境。围绕企业所想、所需，按照“与先进地区对标、从新区实际出发、与现有政策衔接”的原则，在政策创新方面做到在打造国际营商环境政策上实现突破、在打造产业发展政策上实现突破、在打造高端人才政策上实现突破的“三个突破”。

4.实施法制护航行动，打造更加公平公正的法治环境。围绕建立公正文明、规范有序的法治环境，努力做到提升规范执法水平、提升科学、民主和依法决策水平、提升诚信新区建设水平、提升企业合法权益保护水平的“四个提升”。

十八、江西赣江新区：发行全国首单绿色市政专项债

市政债券一般期限较长，有利于弥补财政收支缺口，降低政府短期偿债压力，缓解期限错配可能引发的风险。2019年6月，江西赣江新区结合儒乐湖绿色智慧新城综合管廊、海绵城市、绿色园区建设的融资需求，成功在上海证券交易所发行全国首单经绿色认证机构认证的市政债——江西省赣江新区绿色市政专项债券（一期），发行额3亿元，期限30年，票面利率4.11%，参与认购主体33家，超额认购倍数12.1倍，迅速募集大量资金投入新区基础设施建设。

1.高位推动，部门联动。省委、省政府高度重视，高位推动，省委有关负责同志多次指示赣江新区要探索发行绿色市政债，打造特色亮点。各部门之间相互协调，高效推进，赣江新区与省地方金融监管局、人民银行南昌中支等有关部门积极沟通，达成了一致发行意见；在新项目的发行申报上，得到了省财政厅的大力支持，给予相应的额度支持；在项目遴选阶段，新区各部门联动配合，共同对上报的项目联审。

2.合理规划，高标要求。新区综合考虑绿色项目建设、运营、回收周期、财政承受能力和债券市场状况等因素后合理确定了绿色市政债券的发行规模和期限；绿色市政债发行具有较强的专业性，对于第三方机构业务能力要求较高，新区积极比选机构，选择经验丰富的优质专业机构，高要求做好绿色市政债发行前的项目“包装”工作。

3.选好项目，收益平衡。绿色市政债券募集的资金将专项用于某一绿色项目建设，并以该项目收入作为主要还款来源。此类债券适用于具有稳定收入来源、收益性较高的项目。新区遵循市场化原则，确保收益与债券融资自求平衡，遴选出了儒乐湖新城综合管廊等未来收益良好的优质项目，作为发行绿色市政债的载体项目，探索出项目通过“入廊运营收入+广告收入+政府补贴”模式实现整体动态平衡的途径。

4

大事辑要篇
重大事件回顾

2019年国家级新区建设发展大事记

一、上海浦东新区

1月7日，特斯拉上海超级工厂在临港产业区开工建设。

1月16日，微软全球最大的人工智能和物联网实验室落户浦东张江科学城。

3月12日，上海银行张江科创金融服务中心挂牌成立。

4月11日，浦东国际人才港开港，自贸区外国人来华工作“一网通办”服务平台同步开通。

4月23日，来自美国硅谷的创业加速器Plug and Play宣布，其中国长三角区域总部落地张江科学城。

6月16日，第二届“一带一路”电影周启动仪式暨度假区影视产业重点企业签约仪式在浦东新区举行，16家著名影视企业与上海国际旅游度假区管委会签订落户意向协议。

6月27日，“强生创新上海孵化器”（JLABS@上海）在张江高科技园区启动。

7月9日，中国质量认证中心、上海市市场监管局、中国（上海）自由贸易试验区管理委员会共同签署《共同推进上海自贸试验区一带一路国际合作暨汽车产业发展质量认证服务工作备忘录》。

7月25日，上海市十五届人大常委会第十三次会议审议并表决通过《上海市人民代表大会常务委员会关于促进和保障浦东新区改革开放再出发 实现新时代高质量发展的决定》。

7月29日，浦东新区六届人大常委会第二十五次会议审议通过《浦东新区人民代表大会常务委员会关于进一步优化营商环境探索“一业一证”改革的决定》。

8月20日，中国（上海）自由贸易试验区临港新片区揭牌。

8月23日，“浦东品质、悦夜时尚”浦东夜间经济热力图发布会在船厂1862——光音广场举行。

8月30日，《关于促进中国（上海）自由贸易试验区新片区高质量发展实施特殊支持政策的若干意见》发布，包含人才、税收、住房、土地规划、产业集聚、交通网络建设、城市综合服务功能等50条具体举措。

9月29日，上海市第一座海绵化公园——南汇新城芦潮港公园开园。

10月10日，上海浦东科技创新投资基金（简称浦东科创母基金）启动，首期规模55亿元。

10月29日，第二届世界顶尖科学家论坛在中国（上海）自由贸易试验区临港新片区开幕。41位诺贝尔奖获得者、20位沃尔夫奖获得者、100多位中国科学院院士等共600余人参会。

11月8日，金桥跨境电商产业园开园，占地11.3公顷，总建筑面积约30万平方米，工程总投资约23亿元。

11月19日，首届浦东国际数字商务大会暨第五届互联网+国际贸易新发展、新平台、新服务峰会召开，20家电商跨境服务机构和浦东电商跨境服务基地签署战略合作计划。

12月6日，WAIC开发者·上海临港人工智能开发者大会召开，首批发布了7家“上海市人工智能创新中心”，启动设置在临港的“WAIC开发者生态平台”。

12月24日，张江科学城举行53个重点项目集中开工、入驻、签约仪式，项目涉及企业、高校、产业区、人才公寓、河道绿地、交通路网等多个方面，总投资768亿元。

12月27日，祝桥航空产业园和大飞机创新谷联合启动仪式暨上海市航空产业链大会在中国商飞公司总装制造中心祝桥基地召开，祝桥航空产业园、大飞机创新谷同期揭牌。

12月30日，中国制造Model3首批员工车主交付仪式在临港特斯拉上海超级工厂举行，从开工建设到交付车辆，特斯拉上海超级工厂用时不到一年。

二、天津滨海新区

2月13日，滨海新区召开海洋环境保护暨渤海湾攻坚战工作会议，渤海综合治理攻坚战在新区正式打响。

3月，天津市发布《天津市人民政府关于向滨海新区下放市级权力事项的通知》，向滨海新区下放625项市级权力事项。

4月24日，2019首届中国（东疆）航运产业周开幕。

4月28日，天津市委、市政府主要负责同志等到滨海新区调研自由贸易试验区工作。

5月，滨海新区开发区法定机构改革正式启动。

6月18日，天津开发区2019年首批重点招商项目签约仪式在于家堡国际金融会议中心举行。仪式上，天津开发区管委会先后与50家优质企业签署投资合作协议，总投资规模超过600亿元。

7月19日，滨海新区二手车出口试点企业首批22辆商用车及乘用车已完成出口手续，标志着滨海新区融入“一带一路”建设开创新亮点，深化自贸区改革取得新突破。

8月，滨海新区科技型企业天津赛诺医疗科学技术股份有限公司正式通过上海证券交易所科创板上市委会议审议，成为天津市首家科创板过会企业。

8月20日，移动内容聚合新锐平台—趣头条正式落户新区。

9月28日，滨海新区科技馆开馆。

9月29日，由天津港集团公司承建的“京津冀港口智慧物流协同平台示范工程”项目顺利通过竣工验收。该项目的成功实施，将推动天津港集装箱单证电子化比例达到100%、无水港集港直通比例达到100%、网上集疏港预约比例达到99%。

10月10日，第五届中国天津国际直升机博览会在滨海新区空港经济区中航直升机天津产业基地开幕。

10月16日，第十六届中国制造业国际论坛在滨海新区开幕。

10月25日，东疆保税港区企业亚太融资租赁（天津）有限公司与新加坡中银航空租赁完成全国首单跨境飞机租赁资产交易业务。该笔业务成功打通了跨境租赁资产交易全流程，对于进一步拓宽飞机资产流转渠道、促进境外飞机租赁资产回归国内、推进飞机资产全球化流转、完善飞机资产流转生态具有重要意义。

12月20日，天津市滨海新区商标受理窗口举行揭牌仪式。

三、重庆两江新区

1月4日，中以（重庆两江）产业园开园。

2月22日，“一带一路”国家特色商品贸易及文化周启动暨重庆保税体验旅游景区（4A级）授牌。

3月12日，陆海贸易新通道（果园港）暨路企直通班列首发。

3月20日，雪人股份氢燃料电池发动机及其核心零部件制造项目落户签约。

4月9日，长安汽车全球研发中心投用。

4月10日，金康SERES两江智能工厂投产。

4月18日，紫光重庆大楼落成、紫光华智数字工厂系列签约活动举行。

4月20日，重庆首个二维新材料研发平台项目诺贝尔奖（重庆）二维材料研究院落户签约。

4月26日，两江新区与德国杜伊斯堡港形成全面战略合作。

6月18日，辉联埔程多式联运智慧物流项目开工建设。

6月24日，两江新区汽车产业、智能产业联盟启动。

7月11日，江北嘴金融科技港揭牌成立。

8月23日，两江新区半导体产业园（重庆芯中心）项目开工。

8月25日，腾讯西南总部大厦启用。

8月26日，联想5G云网融合总部基地项目落户签约。

8月28日，华为（重庆）人工智能创新中心落户签约。

9月10日，重庆长安新能源汽车科技有限公司揭牌。

9月11日，新加坡国立大学（重庆）研究院落户签约。

9月27日，日本川崎重工株式会社川崎6轴机器人产品下线。

11月9日，两江新区获批为国家海外人才离岸创新创业基地。

11月11日，京东全球首个超级体验旗舰店在两江新区两路寸滩保税港区开业。

11月11日，两江新区与韩国仁川经济自由区签署友好合作协议。

12 月 16 日，全球低轨卫星移动通信与空间互联网系统项目入驻。

12 月 29 日，中国科学院大学重庆医院（重庆市人民医院）两江新院开诊，国家神经系统疾病临床医学研究中心重庆分中心揭牌。

四、浙江舟山群岛新区

2月22日，舟山市与沙特阿拉伯石油公司（沙特阿美）在京签署合作框架协议。

3月29日，舟山连续十四年获评“平安市”。

4月12日，首单粮食“散改集”业务正式启动。

4月16—18日，浙江省委主要负责同志赴舟山调研。

5月7日，首单境外船供油业务成功落地。

5月20日，首张保税燃料油免税发票开具。

6月10日，船用燃料供油“舟山船型”首制船开工建造。

6月21日，全国首单用国内原料进行油品低硫调兑业务完成。

7月8日，支持浙江自贸区开展相关外汇创新业务的6条投融资便利化新政出台。

8月6日，舟山引航站首次成功引领30万吨级船舶航行通过灌门航道。

8月16日，甬舟一体化推进会在宁波召开，舟山与宁波共同签署高水平高质量推进一体化发展合作框架协议。

8月19日，舟山船舶供退物料通关服务功能上线，意味着舟山外轮供应通关业务实现“零跑动”。

8月23日，全国首票进口货物“两步申报”改革试点业务在中国（浙江）自由贸易试验区落地。

8月27日，完成首票加工贸易项下不同税号油品混兑业务。

8月29日，2019国际海岛旅游大会开幕。

9月，中国人民银行正式批复同意在中国（浙江）自由贸易试验区开展油品贸易跨境人民币结算便利化试点。

9月3日，“最美舟山人”——第七届舟山市道德模范表彰活动举行。

9月25日，舟山口岸正式启动运输工具（船舶）全国通关一体化改革创新。

9月25日，宁波舟山港主通道秀山大桥建成通车。

9月28日，宁波舟山港主通道富翅门大桥建成通车。

9月29日，329国道舟山段正式通车，舟山群岛新区本岛开启半小时交通圈。

10月17—19日，第三届世界油商大会在舟山举行。

11月1日，2019世界舟山人大会在舟山举行。

11月15日，舟山群岛新区“人才飞地”在杭州萧山开园。

11月22日，国内首单锚地综合海事服务业务在舟山成功开展。

12月1日起，宁波舟山港核心港区在全国率先实现船舶交通组织一体化。

12月1日，舟山完成出口食品生产企业“审批改备案”改革全国首单业务。

12月12日，国内首单外锚地综合海事服务在舟山成功开展。

12月20日，舟山江海联运公共信息平台2.0版正式上线。

12月23日上午10时48分，宁波舟山港年集装箱吞吐量首次突破2 700万箱大关。

12月30日，全国最大的铁矿石港口鼠浪湖港岸电工程竣工。

五、兰州新区

1月25日，兰州新区监察工作委员会挂牌成立。

3月15日，国际陆海贸易新通道货物班列首发仪式在兰州新区中川北站举行。

4月6日，兰州新区出台《关于进一步加强金融服务支持实体经济发展的实施意见（试行）》，通过构建新型政金企合作关系、加大金融扶持力度、加快金融市场体系建设等19条措施，为实体经济注入金融“活水”。

5月21日，兰州中川机场海关揭牌。

5月22日，首列满载俄罗斯木材的专列顺利抵达兰州。

7月2日，在中国国际化营商环境高峰论坛暨《中国城市营商环境投资评估报告》发布会上，兰州新区与雄安新区共同入选“中国（区域）最具投资营商价值新区”榜单。

7月3日，在第二十五届中国兰州投资贸易洽谈会兰州新区专场推介会上，兰州新区签约引进项目75个，签约总额达436亿元。

8月20日，《兰州新区报》公开出版发行。

8月23日，兰州新区综合保税区新优联进口木材加工项目举行投产仪式。

9月8日，2019兰州新区半程马拉松赛暨兰州市第47届兰州新区第7届环城赛在新区栖霞湖畔鸣枪开跑。

9月20日，兰州新区中川北站物流园入选2019年国家陆港型物流枢纽辅枢纽。

9月29日，新区综合保税区进口肉类加工中心及进口肉类水产集散中心开业运营。

11月14日，在深圳举办的2019亚太智慧城市发展论坛上，兰州新区凭借在新型智慧城市建设应用上的丰硕成果荣获“2019中国领军智慧城区”称号。

11月28日，中国人民银行等六部委印发《甘肃省兰州新区建设绿色金融改革创新试验区总体方案》，兰州新区绿色金融改革创新试验区获批。

12月4—5日，甘肃省兰州新区国家外贸转型升级基地（石油装备）授牌。

12月5日，兰州至拉合尔国际定期货运航班首航。

12月22日，“汇聚绿色金融动能　助力兰州新区发展”绿色金融高峰论坛举办，兰州新区发布了《甘肃省兰州新区建设绿色金融改革创新试验区总体方案》。

12月28日，以“绿动中国，绿创未来”为主题的第六届绿色发展峰会暨《绿色中国典范案例汇编〔2019〕》发布仪式在北京举办，兰州新区获评“2019绿色发展优秀城市”。

六、广州南沙新区

1月24日，南沙150米地标建筑——建滔广场主体结构正式封顶。

2月18日，中共中央、国务院印发《粤港澳大湾区发展规划纲要》，赋予广州南沙重大平台开发建设等重要任务。

2月19日，广东省政府主要负责同志到新区就推动抓好落实《粤港澳大湾区发展规划纲要》进行专题调研。

3月26日，南沙区发布《中国（广东）自由贸易试验区广州南沙新区片区优化电力营商环境实施办法（试行）》，企业接电将实现零成本、零上门、零审批，年平均停电时间不超过1个小时。

4月16日，广东省委主要负责同志到南沙就深入学习贯彻习近平总书记关于粤港澳大湾区建设、自贸试验区建设重要指示精神和推动南沙自贸片区建设进行专题调研。

4月25—26日，第五次国家级新区工作经验交流会暨新区工作推动会在南沙新区召开。

5月16日，《广东省人民政府关于在广州市南沙区等地开展综合行政执法工作的公告》发布，正式赋予南沙区综合行政执法局执法权限。

6月28日，由南沙区政务服务数据管理局和南沙开发区人才发展局共同举办的全国首个“大湾区国际人才一站式服务窗口”在南沙政务服务中心正式揭牌成立。

8月15日，上海海事大学与南沙开发区签署战略合作协议，成立粤港澳大湾区供应链研究院并举行揭牌仪式。

9月16日，“阿诺德·马士基”轮（M.V. Arnold Maersk）成功挂靠南沙港务海港公司，南沙港区迎来第一条直航美国东岸航线，实现粤港澳大湾区西岸美东直航航线零突破。

11月19日，广州南沙首批共有产权人才住房首筑花园面向区域内重点发展领域紧缺型人才、港澳青年开放申购。

11月25日，广州市南沙区获“2019中国最具幸福感城市（县区级）”称号。

12月6日，2019广州南沙新区粤澳合作葡韵嘉年华在广州南沙正式开幕。“葡语国家食品展示中心——内地展示点”揭牌，葡语系国家（地区）商品展销中心（广州南沙）项目正式落地。

12月24日，广州南沙自贸区法院、深圳前海合作区法院、珠海横琴新区法院联合签署《关于中国香港籍、中国澳门籍共享特邀调解员的工作规程（试行）》《关于中国香港籍、中国澳门籍特邀调解员资源共享和调解互认工作协议》《关于构建跨域立案、跨域调解、跨域庭审和共享司法资源等诉讼服务机制的协议》三份协议。

七、陕西西咸新区

1月2日，西咸新区首批273家企业专属“店小二”集体挂牌，标志着西咸新区“五星级店小二”服务体系迈上新台阶。

1月16日，西咸新区与微软中国签署第二轮战略合作备忘录。

2月21日，西咸新区举行2019年度招商引资项目首批集中签约仪式，总投资829亿元的35个项目落户西咸新区。

3月11日，西咸新区政府采购网上商城上线运行，是陕西省首个政府采购网上商城。

4月3日，西咸新区2019年第一批59个重大项目集中开工，总投资481亿元。

4月8日，陕西省首单跨境电商保税备货业务落地空港新城。

4月14日，空港新城开通陕西省首条外航执飞全货运航线。

5月10日，西咸新区在丝博会上举办投资环境推介暨重点项目签约会，现场集中签约项目38个，签约总额达749亿元。

5月13日，西北首条第五航权货运航线“首尔—西安—河内”在西安咸阳国际机场开通。

6月21日，陕西省首个5G产业应用示范试点落户泾河新城。

6月26日，寒武纪科技公司西部总部落户西咸新区。

7月23日，沣西新城获批联合国教科文组织全球生态水文示范点。

8月8日，西咸新区公共资源交易中心完成陕西省首批公共资源交易平台上地全流程电子化交易项目。

8月12日，空港新城“一带一路”进口商品展示交易分拨中心开业。

9月10日，同方西部总部基地在西咸新区开园。

10月13日，2019创新城市发展方式（西咸）国际论坛举行。

10月31日，2019科技成果直通车（陕西站）暨西安全球硬科技创新大会生物技术峰会在沣东新城举行。

11月15日，东岭集团西北区域总部落户西咸新区。

11月28日，三一西安产业园项目在西咸新区开工建设。

12月1日，西咸新区58个重大项目集中开工，总投资548亿元。

12月6日，西咸同方丝路未来创新研究院与清控科创商业航天创新中心在西咸新区能源金贸区落成。

12月10日，陕西省首条5G智慧公交线路在西咸新区开通。

12月17日，陕西省首条第五航权客运航线“叶卡捷琳堡—西安—普吉”在西安咸阳国际机场开通。

12月30日，西安咸阳国际机场年货邮吞吐量超38万吨。

12月31日，空港新城保税航油业务启动，西安成为西北五省中第一个开展此项业务的城市。

八、贵州贵安新区

1月13—15日，“亚洲金融论坛·环球投资项目对接会”在香港举行，新区8个绿色金融项目首次面向全球发行绿色债券。

1月21—22日，新区召开建城市聚人气广招商招大商动员大会暨2019年工作会议。

2月25日，2019年贵州省补短板强基础项目集中开工仪式在新区举行，新区集中开工重大项目13个、总投资10.05亿元。

3月1日，苹果中国（贵安）数据中心主体工程和变电站项目正式开工。

3月27日，贵安新区管委会、贵阳海关、华为技术有限公司在深圳共同签署集成物流项目战略合作备忘录。

4月26日，贵州省委主要负责同志到新区调研，要求新区要深入学习贯彻习近平总书记对贵安新区的重要指示精神，始终坚持高端化、绿色化、集约化主攻方向，着力打造西部地区重要经济增长极和内陆开放型经济新高地。

5月15日，新区召开广招商招大商工作推进会。

5月23日，新区召开招商引资政策解读新闻通气会，介绍招商引资工作情况，着重解读招商引资政策、人才政策，并就招商引资工作答记者问。

5月24日，2019中国国际大数据产业博览会贵安分会场主论坛开幕。

7月12日，新区在北京与中国人民银行就灾备数据中心项目签订备忘录。

7月13日，新区召开优化营商环境专题座谈会，采取政企面对面的形式，了解梳理并帮助解决企业存在的困难问题，听取企业关于优化营商环境的意见建议。

7月22日，以“深化务实合作、共享发展成果”为主题的2019中国—东盟教育交流周在新区开幕。

8月2日，新区举行2019年第二批重大项目集中开工仪式，集中开工项目12个，总投资约135亿元。

8月2日，新区发出贵州省首张通过微信注册登记的营业执照。

8月30日，贵州电网首个智能分布式自动配电网在新区建成投运。

9月5日，在中国投资协会、中国国际投资贸易洽谈会组委会联合主办的“绿色城市与绿色创造力论坛”上，贵安新区获选“2019中国绿色城市创造力样本”。

9月7日，在2019贵州内陆开放型经济试验区投资贸易洽谈会上，贵安新区“贵阳城市轨道交通S1号线项目”等3个项目正式签约，将通过绿色金融资金通道获得147.1亿元绿色低息贷款。

10月22日，新区召开“不忘初心、牢记使命”主题教育工作推进会。

11月4日，新区召开专题会议，研究新能源汽车产业项目和中航发涡轮叶片生产基地项目建设推进有关工作。

12月26日，贵安新区规划建设领导小组会议召开，审议《中共贵州省委 贵州省人民政府关于全力推动贵安新区高质量发展的意见》。

12月30日，贵州省委常委会召开会议审议通过《中共贵州省委 贵州省人民政府关于全力推动贵安新区高质量发展的意见》。

九、青岛西海岸新区

2月13日，青岛西海岸新区获批外贸转型升级试点区。

2月20日，总投资1 000亿元的青岛海洋活力区开工，打造现代产城融合的新典范。

4月16日，中荷智慧农业产业园在西海岸开建。

4月28日，中国研究生能源装备创新设计大赛在西海岸启动。

5月15日，亚太国际管道会议在西海岸召开。

6月11日，博鳌亚洲论坛全球健康论坛大会在西海岸新区中铁世博城举办。

7月4日，青岛国际合作交流和青岛西海岸国际航运、国际贸易、国际金融、工商、科创“六大中心”建成启用，将成为新区“双招双引”新平台、经济发展新引擎。

7月11日，全球最大等级集装箱船“地中海古尔松”轮首航青岛港前湾港区，地中海航运欧洲线运力提升为2.3万标准箱大船，为青岛港成为世界第八大集装箱港口贡献了重要力量。

8月10日，2019S-Future City世界海洋城市·青岛论坛在青岛西海岸新区举行，论坛发布了《世界海洋城市·青岛论坛》宣言，并确立论坛每年夏季在西海岸举办。

8月13日，全国首家企业设立智能登记系统在青岛前湾保税港区上线运行，企业设立登记真正实现了全程“零跑腿”“零见面”“零人工干预”，也意味着保税港区24小时“不打烊”网上服务平台的开启。

9月2日，中国（山东）自由贸易试验区青岛片区政务服务中心挂牌。

9月4—6日，以“交流互鉴，开放融通”为主题的2019东亚海洋合作平台青岛论坛在青岛世界博览城举行。

9月17日，全国首例“一证（照）通”业务在西海岸新区政务服务大厅完成办理，这标志着全国首批审批“一证（照）通”业务在我区全面推行。

9月19日，青岛西海岸交通商务区12个重点项目集中开工，为“客运枢纽、高铁商城”的崛起再添发展“动力源”，总投资638亿元，其中中化创新科技城项目总投资约600亿元。

9月19日，中国企业高质量发展（青岛）峰会《青岛宣言》发布。

10月10日，山东自贸区青岛片区首批产业项目集中开工仪式及自贸大厦启用仪式在青岛西海岸新区举行。

10月17日，国务院批复青岛出口加工区升级为青岛胶州湾综合保税区。

10月26日，地中海航运公司东南亚集装箱航线在青岛西海岸新区前湾港集装箱码头首航。

10月31日，青岛市初芯产业基金项目签约仪式在青岛府新大厦举行，500亿元基金项目落户青岛西海岸新区。

11月12日，中俄经贸合作与文化交流中心暨“投资大会战”项目集中开工仪式在青岛国际经济合作区举行，总投资110亿元的10个重点项目开工建设。

12月13日，国内首座1 200吨自航自升式风电安装平台——“振江”号交付仪式在位于青岛西海岸新区海西湾的武汉船机海西重机举行。

12月28日，山东港口青岛港年吞吐量突破6亿吨，使青岛港成为继宁波舟山港、上海港、唐山港、新加坡港、广州港之后全球“6亿吨俱乐部”的新成员。

十、大连金普新区

1月14日，中国（辽宁）自由贸易试验区大连片区“船舶融资中心助力东北亚航运中心建设”创新案例入选2018中国自贸试验区十大创新成果。

1月16日，中国（辽宁）自由贸易试验区大连片区管理委员会印发《中国（辽宁）自由贸易试验区大连片区推进国资国企深化改革专项工作方案》，这是全国自贸区中出台的首个国资国企深化改革方案。

1月17日，中国（辽宁）自由贸易试验区大连片区外汇管理实施细则——《进一步推进中国（辽宁）自由贸易试验区大连片区外汇管理改革试点实施细则》发布。

3月26日，金普新区与中国工业设计协会战略合作协议签署，设计小镇及高规格的东北亚设计创新论坛等项目落户金普新区。

4月14日，国务院印发关于做好自由贸易试验区第五批改革试点经验复制推广工作的通知，中国（辽宁）自由贸易试验区大连片区创新推出的“进境粮食检疫全流程监管”改革试点经验名列其中。

4月22日，日本电产工业园和大连京都风情街两大项目落户金普新区。

5月13日，2019大连金普新区制造业产业协作配套对接大会举行，33家企业现场签约，签约合同总额50.9亿元。

6月11日，大连金普新区管理委员会印发《金普新区支持制造业产业协作配套实施办法（试行）》。

7月10日，中国（辽宁）自由贸易试验区大连片区发布企业登记“五位一体”确认制改革新政。

7月29日，中国（辽宁）自由贸易试验区大连片区管理委员会推出“以审代查”和“非侵入式稽查（无感稽查）”海关稽查创新举措。

8月25日，“人工智能海洋环境感知水下机器人技术”高峰论坛举行。

8月29日，由大连市人民政府、金普新区管理委员会和英特尔半导体（大连）有限公司联合举办的2019大连半导体产业链发展峰会在金普新区举行。

9月9日，大连集装箱码头闸口取消纸面操作，全流程采用电子操作条系统，自此大连集装箱码头开启全流程业务“无纸化”时代。

9月10日，金普新区新闻发布会在中共大连市委召开，对外发布自贸创新、招商引资、住建审批、市场监管、文化产业5项“金十条”。

9月11日，中国（辽宁）自由贸易试验区大连片区（保税区）管理委员会与大窑湾海关联合在全国率先推出“平行进口汽车转口保税增值服务”业务，促进平行进口汽车产业升级。

9月17日，中保函全国（公共资源交易）电子保函运营服务平台在金普新区启动。

10月29日，中国（辽宁）自贸试验区大连片区宣布推出口岸危险货物“谎报匿报四步稽查法”和取消口岸危险货物“包装两证”核销两项创新举措。

11月12日，中国（辽宁）自由贸易试验区大连片区举行新闻发布会，对外宣布实施“集出分供”和“两仓调剂使用”两项保税船供油监管新模式。

11月15日，全球十大船舶管理公司之一新加坡Synergy海运集团将落户中国（辽宁）自由贸易试验区大连片区，成为东北地区首家外资独资船舶管理公司。

十一、四川天府新区

1月24日，总投资约50亿元的格力成都产业园在天府新区新津片区智能制造产业园正式开工。

2月25日，发布《关于支持新经济企业入驻独角兽岛的若干政策》，支持独角兽企业健康成长。

2月28日，西部双创示范基地联盟第一次大会在天府新区天府英才中心召开。

3月，总投资280亿元的中电熊猫G8.6显示面板项目实现满产。

3月21—23日，第100届全国糖酒商品交易会在天府新区中国西部国际博览城成功举行。

4月22日，首届公园城市论坛在天府新区成功举行，并举行了公园城市重大建设项目集中签约仪式，总金额达844.3亿元。

5月7日，天府新区被国务院评为双创示范基地。

5月24日，双流片区在省内首架融资租赁飞机空客A330-300型客机交付，标志着四川自贸试验区总体方案规定的金融创新试验任务再次取得突破。

5月29日，四川省委、省政府印发《关于加快天府新区高质量发展的意见》，支持天府新区加快高质量发展步伐。

5月13日，“中意文化创新产业园合作论坛暨项目签约仪式”在天府新区举办。

6月18日，天府中央商务区总部基地项目集中签约仪式和天府中央商务区总部基地建设启动仪式在天府新区举行，成功签约30个项目，协议总投资1 110亿元。

7月11日，全球最大的展会主办机构Informa Markets（英富曼集团）正式宣布落户天府新区。

7月23日，全球500强企业德国莱茵集团签约天府新区，将在新区设立亚太区域总部。

8月7日，华为鲲鹏天府实验室及鲲鹏生态基地正式落户天府新区。

8月9日，中国民用航空飞行校验中心西南基地项目正式落户天府新区。

8月22日，中国科学院大学成都学院建设项目启动。

9月10日，天府新区5个项目在中西部和东北地区承接东部产业转移精准对接现场会上现场签约，其中中国商飞作为具有代表性的30个项目上台签约。

9月20日，第三届中国西部国际博览会进出口商品展暨中国西部（四川）国际投资大会在天府新区举行。

9月25日，天府新区成都片区保税物流中心（B型）正式封关运营。

9月27日，国内首座乐高乐园落户天府新区。

11月11日，第十四届“欧洽会”在天府新区的中国—欧洲中心开幕。

11月25日，香港新华集团川港合作园项目启动。

十二、湖南湘江新区

1月20日，总投资千亿元、年产值千亿元的中联智慧产业园项目，在湖南湘江新区启动建设。

2月28日，岳麓山大科城科技成果转化基金签约成立，总规模1亿元。

3月20日，天际汽车长沙新能源项目在湖南湘江新区举行开工动员大会，项目建成达产后，每年将有6万辆天际汽车旗下高端电动车从湘江新区工厂驶出。

4月1日，长沙先导产业投资有限公司、湖南湘江智能科技创新中心有限公司与百度联合成立的湖南阿波罗智行科技有限公司揭牌仪式在湖南湘江新区举行，助力打造中国第一座自动驾驶之城。

4月2日，以“智能网联·于斯为盛”为主题的2019互联网岳麓峰会在湖南湘江新区开幕。

4月4日，华为HUB仓项目、京东湖南亚洲一号项目先后在湖南湘江新区开工建设。

4月15日，在2019湖南对接粤港澳大湾区恳谈会暨重大项目签约仪式上，碧桂园湘江智谷·人工智能科技城项目签约落户湖南湘江新区。

5月23日，“金融科技·湘江赋能”专题活动在湖南湘江新区开幕，湖南金融中心金融科技专项政策发布暨湘江金融科技孵化器揭牌仪式同步举办。

5月28日，“智汇湘江·筑梦启航”湘江基金小镇开园暨招商启动仪式在湖南金融中心湘江基金小镇举行。

7月6日，长沙新一代半导体产业链建设合作交流暨集中签约活动在湖南湘江新区举行。

9月26日，开放道路智能驾驶长沙示范区启用。

11月4日，“岳麓·创讲堂”开讲仪式暨2019“创响中国”湖南湘江新区站活动举行。

11月13日，湘江基金小镇举行全面交付仪式，并面向全球资本招商。

11月19日，首台“长沙产”格力大型中央空调机组在湖南湘江新区下线，长沙格力电器冰箱洗衣机生产基地项目开工仪式也相继举行。

11月21日，湖南湘江新区与德国舍弗勒集团签署智能驾驶项目投资合作协议。

11月28日，长沙宜家家居店在湘江新区开业。

11月28日，“金融科技·湘江论道”2019湘江金融发展峰会在湘江基金小镇举行。

11月29日，湖南湘江新区专利运营与科技成果对接会暨中国知识产权交易机构联盟第四次年会启动。

12月18日，Apollo首届生态大会在湖南湘江新区梅溪湖国际艺术中心举办。

12月25日，洋湖湿地获批“国家级湿地公园”。

十三、南京江北新区

1月4日,《南京江北新区生态文明规划(2018—2022)》出台，江北新区全年完成309个环境问题整改。

2月3日,《南京市江北新区长江岸线覆绿工作实施方案》出台。

2月20日，江苏省委、省政府印发《关于在苏南部分县(市、区)开展社会主义现代化建设试点工作的实施方案》，决定在南京江北新区等6个地区开展社会主义现代化建设试点。

3月6日，世界最大的“充电宝”项目——南京江北储能电站开工建设，是我国首个梯次利用的电网侧储能电站。

4月29日，江北新区在全省率先出台《南京江北新区进一步深化工程建设项目审批制度改革实施方案》，推出了江北新区特色的“十大创新改革举措”。

5月24日，北京大学携手江北新区共建的新型研发机构——北京大学分子医学南京转化研究院揭牌。

6月14日，江北新区网格化社会治理联动指挥云平台上线。

6月28日，江北新区对外发布了《南京江北新区集成电路人才试验区政策(试行)》，从人才引进、留才奖励、人才培养、生活配套四个方面出台10条新举措。

7月27日，以南京江北新区和淮安盱眙县为合作主体的宁淮特别合作区揭牌。

7月30日，江北新区举行生命健康产业政策发布暨中国科学院“麒麟刀”项目签约仪式，中科超精“麒麟刀”研发及产业化项目落地江北新区。

8月2日，国务院同意设立中国(江苏)自由贸易试验区，涵盖南京、苏州、连云港3个片区，其中南京片区39.55平方公里，位于江北新区。

8月30日，江苏首家以自贸区业务为特色的专业银行——中国银行南京跨境创新服务中心·自贸金融特色行运营，可受理商标专用权质权登记等近30个事项，办事范围辐射长三角地区及周边城市群。

9月10日，剑桥大学南京科技创新中心奠基仪式在江北新区举行，是剑桥大学首次在英国境外设立的合作研究机构。

9月24日，江北新区管理委员会与国际争议解决及风险管理协会、北京市中银律师事务所等合作方签署战略合作协议，共建江苏自贸区（南京片区）国际商事调解中心，率先推动建立自贸区国际商事调解合作机制。

11月1日，江苏鲲鹏生态产业园开园，华为公司与40多家江苏企业共同成立了江苏鲲鹏计算产业联盟，计划在未来五年内投资30亿元人民币来发展鲲鹏产业生态。

11月1日，江北新区全面启动长江岸线湿地保护与环境提升工程。

11月3日，第二届苏港融合发展峰会期间，香港特区行政长官林郑月娥一行到访江北新区。

12月7日，南京市委机构编制委员会批复设立南京市监察委员会江北新区工作委员会，国家监察体制改革在江北新区落地落实。

十四、福州新区

1月12日，福州市政府与北京电影学院签订战略合作协议，北京电影学院拟在福州新区滨海新城建设“北影长乐影视小镇”。

2月28日，微软创新学院在福州新区中国东南大数据产业园揭牌，并举行开课仪式。

4月3日，中国·元洪进口食品供销对接会暨“元洪在线”、元洪供应链金融平台上线仪式举行，助推福州新区福清功能区实体经济与数字经济融合发展。

4月12日，福州市政府批复《福州新区三江口南台岛东部片区控制性详细规划（修编）》。

4月15日，位于福州新区滨海新城的福州数字中国会展中心交付使用。

4月18日，中国（福州）物联网产业创新发展中心在福州新区启用，着力打造全国最高端、最集聚的物联网产业创新孵化园区。

4月24日，福州新区江阴港城经济区上线5G“智慧港口”平台，为省内首个“智慧港口”平台。

5月6—8日，第二届数字中国建设峰会在福州举行。

5月7日，2019数字中国创新大赛总决赛及颁奖仪式在福州新区举行。

5月7日，数字教育小镇与复星基金会宣布共同打造的“Protechting全球青年创新创业基地”揭牌。

5月7日，福建新华发行集团与商务印书馆在福州签订合作协议，共同打造的商务印书馆数字阅读体验中心落户福州新区。

5月9日，福州新区江阴港城经济区新福兴新能源玻璃产业园第一片浮法玻璃诞生，新福兴浮法产业发展进入新阶段。

5月24日，全国首创深远海机械化养殖平台“振渔1号”在福州新区启用，为福州市海洋渔业转型升级开创新局面。

5月31日，八戒工场福建总部园区在福州新区开园。八戒工场是猪八戒网面向广大创业者提供的一站式创业赋能载体。

7月18日，全国首个大规模应用窄带物联网技术的“智慧校园”项目——中央党校（国家行政学院）“智慧校园”（智慧后勤系统）开通。

8月18日，福州市政府与平潭综合实验区管理委员会签订《福州新区与平潭综合实验区一体化发展战略合作协议》。

8月31日，天津大学福州国际校区一期工程在福州新区滨海新城动工。

9月25日，福州—平潭海峡公铁大桥鼓屿门航道桥合龙，标志着世界最长、我国首座跨海峡公铁两用大桥胜利贯通。

9月25日，在福建三峡海上风电国际产业园区，10兆瓦、8兆瓦海上风电机组陆续下线。这是我国自主研发的、单机容量亚太地区最大的海上风电机组。

11月11日，福州新区江阴港区日集装箱吞吐量突破1万标准箱，达到11 378标准箱。

11月25日，大陆首个台湾社工服务中心在福州新区揭牌。该中心主要为来榕就业的台湾社工提供对接平台。

12月7日，第二届福州精准医学高峰论坛在福州新区滨海新城举行，“国际人类表型组研究院产业基地”等三个基地同时揭牌。

12月15日，“中国船政文化城”开发建设拉开序幕。

12月20—21日，以“链通未来，融合发展”为主题的第二届区块链产业与企业家国际峰会在福州数字中国会展中心召开。

十五、云南滇中新区

3月,《云南省新时代扩大和深化对外开放若干意见》提出，支持滇中新区建设成为开放发展更有作为、科技创新实力彰显、绿色发展凸显特色、市场活力充分释放、和谐共享成为典范的全省高质量发展的排头兵。

3月，全国首个智慧综合管廊示范工程项目——云南滇中新区智慧综合管廊一期工程通过国家住建部标准定额司验收。

4月25日，中石油云南石化生产的50吨液化石油气运往缅甸，成为中国石油首批进入南亚、东南亚市场的液化气产品。

5月9日，总投资约300亿元的国际康养项目落户安宁太平新城。

5月21日，武钢集团昆明钢铁股份有限公司推进供给侧结构性改革实施环保搬迁转型升级项目奠基。

5月23日，江铃集团新能源汽车昆明基地项目总装车间首车下线。

6月12日，2019南亚东南亚国家商品展暨投资贸易洽谈会在昆开幕，云南滇中新区在“一带一路”投资合作馆设立展台。

7月10日，2019年中国汽车技术发展（昆明）国际论坛在新区嘉丽泽国际会议中心举行。

7月11日，国内首个机动车高原试验室——中汽中心高原试验室一期工程在云南滇中新区杨林经开区汽车产业园落成。

8月25日，全球首家全日制西甲国际足球学校落户安宁。

10月13日，2019年“一带一路·七彩云南”昆明国际网球邀请赛在安宁温泉半岛国际网球中心开幕。

10月16日，中国汽车技术研究中心有限公司和中国汽车摩托车运动联合会共同举办的国家A级赛事——中国量产车性能大赛（CCPC大赛）在嵩明嘉丽泽恒大·养生谷开赛。

10月，江铃易至EX5车型在嵩明杨林经开区江铃集团新能源昆明基地下线。

12月3日，在“上海市高层次人才智力支持云南行”活动启动仪式上，云南滇中新区推介了《产业人才引进1+X实施办法（试行）》《“候鸟人才”实施办法（试行）》两项人才新政策。

12月26日，京东方科技集团股份有限公司发布公告，将追加投资34亿元，在昆明京东方显示技术有限公司建设12英寸OLED微显示器件生产线项目。

十六、哈尔滨新区

4月1日，黑龙江省委、省人大、省政府、省政协负责同志到哈尔滨新区调研新区改革发展情况。

5月9日，举行哈尔滨深圳产业园区合作协议签约仪式，标志着哈尔滨深圳产业园区项目开始进入全面实施阶段。

5月28日，哈尔滨新区管委会与深圳宝能集团产业项目战略合作签约暨哈尔滨宝能国际经贸科技城奠基仪式在哈尔滨新区举行。

6月17日，黑龙江省－鞑靼斯坦共和国商务论坛在哈尔滨华旗饭店国际会议中心举行，哈尔滨新区与喀山创新城已签署建立姊妹园区关系备忘录。

7月5日，哈尔滨市委、市政府特制定《关于支持哈尔滨新区改革创新推动高质量发展的政策措施》（哈发〔2019〕11号）。

7月15日，《哈尔滨新区（江北一体发展区）“惠民聚才”优惠政策（试行）》正式施行。

7月22日，新光光电作为东三省唯一一家首批科创板上市企业，在上海证券交易所挂牌上市。

8月26日，中国（黑龙江）自由贸易试验区获批，8月30日正式揭牌。

9月1日，深圳（哈尔滨）产业园区举行奠基开工仪式。

9月4日，哈尔滨东北亚国际贸易中心（会展中心）签约暨启动仪式举行，这是深圳（哈尔滨）产业园区开工奠基后，又一超大型投资项目签约落地哈尔滨新区。

9月23日，哈尔滨新区数字经济创新系列大赛（第一季）在哈尔滨市开赛。

9月29日，黑龙江省政府批复《哈尔滨新区总体规划》。

12月1日，印发《哈尔滨新区暨黑龙江自由贸易试验区哈尔滨片区关于鼓励产业集聚推动高质量发展的若干政策措施（试行）》。

12月11日，企业登记4.0版智能审批系统在全省首发上线，企业落户新区可自主申报、即审即办、立等可取。

12月12日，首届“哈尔滨新区杯”高校双创应用技能大赛启动仪式在哈尔滨举行，共400余个项目、2 000名学生同场竞技。首批30家大赛优质项目企业签落地转化协议。

12月18日，黑龙江省第十三届人民代表大会常务委员会第十五次会议通过了《黑龙江省哈尔滨新区条例》。

十七、长春新区

1月8日，由长春市旅游局主办的长春·首届北湖绯悦冰雪节在北湖国家湿地公园艺风广场举行开幕仪式。

2月21日，长春新区2019年首列中欧班列（长春—汉堡）在长春新区国际港务区完成海关现场查验及报关审核，满载54箱货物发车。

3月6日，吉林省、长春市暨长春新区2019年人才管理改革试验区工作会在长春新区管委会召开。

4月10日，长春新区召开优化营商环境暨工商业联合会（总商会）成立大会，同时举行长春新区政务服务中心揭牌活动。

5月31日，由科技部、团结香港基金、长春新区及长春高新区联合举办的香港创业青年座谈会在长春高新区举行，10家公司签署合作协议。

6月5日，由长光卫星技术有限公司自主研发的“吉林一号”高分03A星搭载长征十一号运载火箭完成“一箭七星”海上发射技术试验。

7月12日，2019长春高新技术产业投融资论坛暨项目路演会在长春新区长春中关村创新中心举行，100余名投资机构代表参加活动。

8月20日，长春新区企业吉林省英辰科技股份有限公司在全国中小企业股份转让交易系统挂牌。

9月12日，长吉图国家科技成果转移转化示范区（核心区）项目启动暨北科建长春北湖科技园智能制造创新园开园活动在长春举行，“中科院（吉林）科技产业创新平台”“吉林省科技成果转移转化共同体”“长春新区·中关村北湖创新基地”揭牌。

11月18日，长春新区与上海证券交易所签订战略合作备忘录，上海证券交易所在吉林省设立唯一一家企业上市服务工作站——上海证券交易所企业上市服务吉林省工作站在长春新区揭牌。

11月20日，“唐纳EDI集团中国区集采基地揭牌仪式暨长春澳华技术咨询有限公司入驻红旗大厦庆典仪式”在长春硅谷新城红旗大厦举行。

11月22日，长春新区举行“招商项目集中签约暨吉林青年全面助力长春新区发展启动活动”，34个重大产业项目集中签约，签约金额1 217.6亿元。

11月27日，长春新区成立汽车及零部件、生物医药与健康、光电与智能制造、孵化器与产业园区4个行业商会。

十八、江西赣江新区

1月18日，赣江新区对外发布绿色金融标准体系，打造支撑绿色金融服务绿色实体经济的有效载体。

3月1日，江西省与中国科学院签署省院共同推进建设中药大科学装置协议，中药国家大科学装置项目确定落户赣江新区。

3月19日，赣江新区绿色金融服务中心、绿色保险产品创新中心和绿色金融评价认定中心“三中心”授牌成立。

5月16日，《关于完善赣江新区管理体制的实施方案》发布，赣江新区将设立面积约162.1平方公里的直管区。

6月28日，赣江新区与南昌市、九江市及相关县区签订直管区委托管理协议，赣江新区管理体制完善工作取得阶段性成果。

8月1日，赣江新区绿色金融改革创新试验区建设荣登2018年度江西经济十件大事之一。

8月3日，《赣江新区直管区概念规划》面向全球公开招标。

10月22日，江西绿色金融政银企对接会暨绿色金融成果发布会举行。

11月15日，中国中医科学院江西分院落户赣江新区，省政府与中国中医科学院签署共建中国中医科学院江西分院签署共建合作协议。

12月18日，赣江新区率先在全省实现集中供冷供暖，首批4 600平方米用户集中供暖启动，并计划2021年5月前实现直管区重点区域集中供冷供暖全覆盖。

5

附　录

附　　表

表5-1 国家级新区基本情况表

序号	新区名称	批准文件	批复时间	规划面积 / km^2	功能定位
1	上海浦东新区	略	1990 年 6 月	1 210	略
2	天津滨海新区	国发〔2006〕20 号	2006 年 5 月	2 270	略
3	重庆两江新区	国函〔2010〕36 号	2010 年 5 月	1 200	我国内陆重要的先进制造业和现代服务业基地，长江上游地区的金融中心和创新中心等，内陆地区对外开放的重要门户，科学发展的示范窗口
4	浙江舟山群岛新区	国函〔2011〕77 号	2011 年 6 月	1 440	我国大宗商品储运中转加工交易中心、东部地区重要的海上开放门户、海洋海岛综合保护开发示范区、重要的现代海洋产业基地、陆海统筹发展先行区
5	兰州新区	国函〔2012〕104 号	2012 年 8 月	806	西北地区重要的经济增长极、国家重要的产业基地、向西开放的重要战略平台和承接产业转移示范区
6	广州南沙新区	国函〔2012〕128 号	2012 年 9 月	803	粤港澳优质生活圈、新型城市化典范、以生产性服务业为主导的现代产业新高地、具有世界先进水平的综合服务枢纽、社会管理服务创新试验区
7	陕西西咸新区	国函〔2014〕2 号	2014 年 1 月	882	我国向西开放的重要枢纽、西部大开发的新引擎和中国特色新型城镇化的范例

续表

序号	新区名称	批准文件	批复时间	规划面积 / km^2	功能定位
8	贵州贵安新区	国函〔2014〕3号	2014年1月	1 795	经济繁荣、社会文明、环境优美的西部地区重要的经济增长极、内陆开放型经济新高地和生态文明示范区
9	青岛西海岸新区	国函〔2014〕71号	2014年6月	2 096	海洋科技自主创新领航区、深远海开发战略保障基地、军民融合创新示范区、海洋经济国际合作先导区、陆海统筹发展试验区
10	大连金普新区	国函〔2014〕76号	2014年6月	2 299	我国面向东北亚区域开放合作的战略高地、引领东北地区全面振兴的重要增长极、老工业基地转变发展方式的先导区、体制机制创新与自主创新的示范区、新型城镇化和城乡统筹的先行区
11	四川天府新区	国函〔2014〕133号	2014年10月	1 578	以现代制造业为主的国际化现代新区，内陆开放经济高地、宜业宜商宜居城市、现代高端产业集聚区、统筹城乡一体化发展示范区
12	湖南湘江新区	国函〔2015〕66号	2015年4月	490	高端制造研发转化基地和创新创意产业集聚区、产城融合城乡一体的新型城镇化示范区、全国“两型”社会建设引领区、长江经济带内陆开放高地
13	南京江北新区	国函〔2015〕103号	2015年6月	788	自主创新先导区、新型城镇化示范区、长三角地区现代产业集聚区、长江经济带对外开放合作重要平台

续表

序号	新区名称	批准文件	批复时间	规划面积 / km^2	功能定位
14	福州新区	国函〔2015〕137号	2015年8月	800	两岸交流合作重要承载区、扩大对外开放重要门户、东南沿海重要现代产业基地、改革创新示范区和生态文明先行区
15	云南滇中新区	国函〔2015〕141号	2015年9月	482	我国面向南亚东南亚辐射中心的重要支点、云南桥头堡建设重要经济增长极、西部地区新型城镇化综合试验区和改革创新先行区
16	哈尔滨新区	国函〔2015〕217号	2015年12月	493	中俄全面合作重要承载区、东北地区新的经济增长极、老工业基地转型发展示范区和特色国际文化旅游聚集区
17	长春新区	国函〔2016〕31号	2016年2月	499	创新经济发展示范区、新一轮东北振兴的重要引擎、图们江区域合作开发的重要平台、体制机制改革先行区
18	江西赣江新区	国函〔2016〕96号	2016年6月	465	中部地区崛起和推动长江经济带发展的重要支点
19	河北雄安新区	略	2017年4月	1 770	重点打造北京非首都功能疏解集中承载地，建设绿色生态宜居新城区、创新驱动发展引领区、协调发展示范区、开放发展先行区，努力打造贯彻落实新发展理念的创新发展示范区

注：各新区功能定位依据党中央、国务院相关文件或批复摘编。

表5-2　2019年国家级新区主要经济指标表

序号	新区名称	地区生产总值			一般公共预算收入		固定资产投资	规模以上工业增加值
		总额 / 亿元	占所在省（市）比重 / %	增速 / %	总额 / 亿元	增速 / %	增速 / %	增速 / %
1	上海浦东新区	12 734	29.4	7.0	1072	0.5	6.1	-0.3
2	天津滨海新区	5 849	41.5	5.8	503	8.4	8	—
3	重庆两江新区	3 391	13.8	5.2	320	-2.9	13.1	-1.2
4	浙江舟山群岛新区	1 372	2.3	9.2	155	6.1	8.6	43.2
5	兰州新区	202	2.5	17.1	18	16.0	13.1	26.2
6	广州南沙新区	1 683	1.6	10.5	84	11.7	28.3	6.5
7	陕西西咸新区	521	0.9	10.6	72	38.3	10.3	3
8	贵州贵安新区	405	1.6	6.6	31	-23.5	-7.3	9.2
9	青岛西海岸新区	3 554	5.3	5.7	268	1.4	32.1	-2.2
10	大连金普新区	2 243	10.3	5.5	243	18.6	-33.7	9.9
11	四川天府新区	3 270	6.7	8.1	260	4	17.9	—

续表

序号	新区名称	地区生产总值			一般公共预算收入		固定资产投资	规模以上工业增加值
		总额 / 亿元	占所在省(市)比重 / %	增速 / %	总额 / 亿元	增速 / %	增速 / %	增速 / %
12	湖南湘江新区	2 468	6	9.1	454	16.0	12.3	12.1
13	南京江北新区	2 730	2.8	11.0	308	17.20	12	12.4
14	福州新区	2 169	5.1	8.8	214	-4.2	-1.6	10.2
15	云南滇中新区	882	3.5	8.5	88	15.4	6.4	9.3
16	哈尔滨新区	771	4.8	9.3	36	8.6	33.4	12.3
17	长春新区	750	5	6.4	18	8.8	16.2	7.5
18	江西赣江新区	820	3.2	9.7	64	12.6	15.5	9.4
19	河北雄安新区	—	—	—	—	—	—	—

注：数据为各国家级新区上报数，其中河北雄安新区数据暂缺。

附　　图

图5-1 国家级新区地理位置图

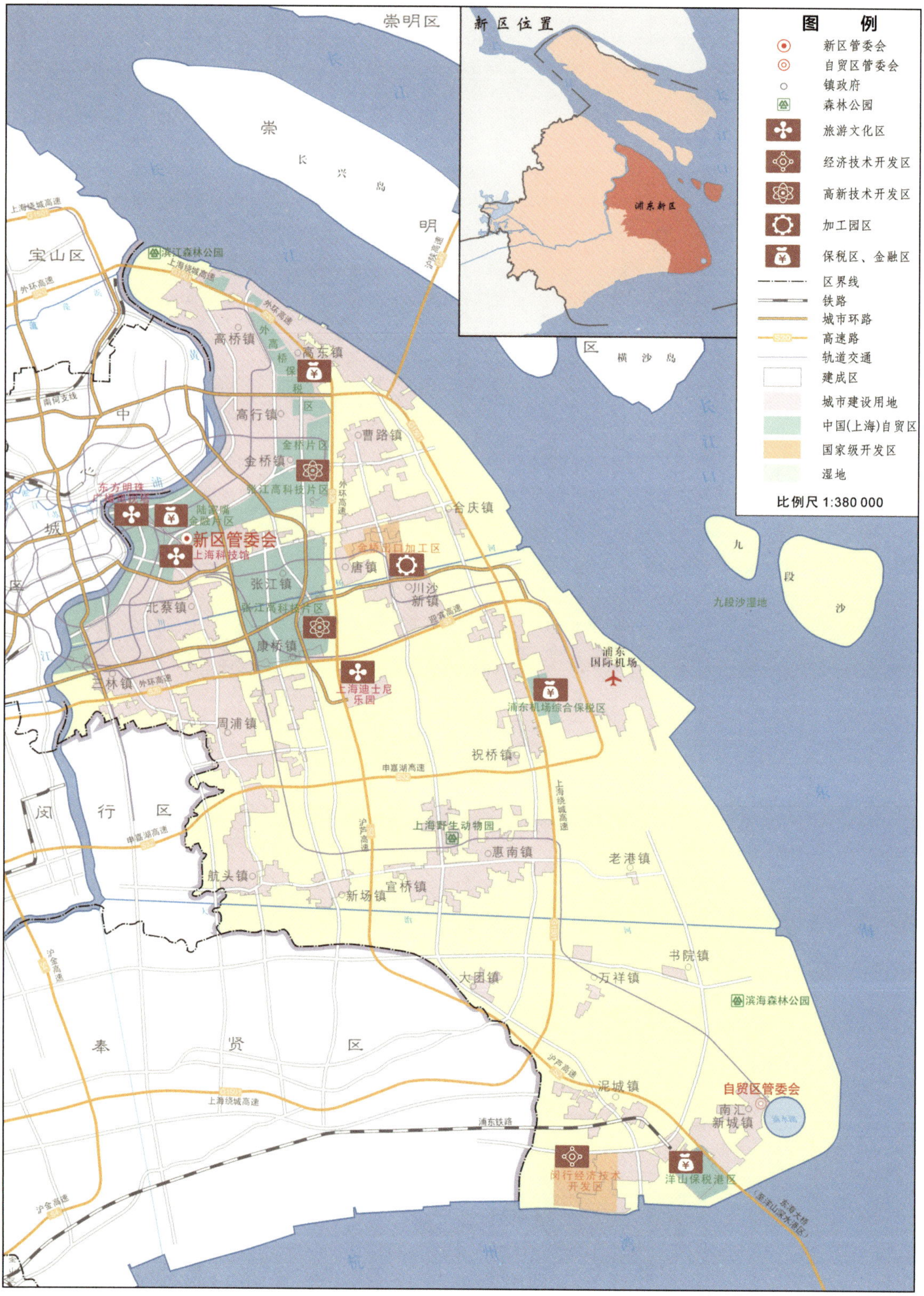
新区位置
浦东新区
图 例
新区管委会
自贸区管委会
镇政府
森林公园
旅游文化区
经济技术开发区
高新技术开发区
加工园区
保税区、金融区
区界线
铁路
城市环路
高速路
轨道交通
建成区
城市建设用地
中国(上海)自贸区
国家级开发区
湿地
比例尺 1:380 000
崇明区
宝山区
滨江森林公园
高桥镇
高东镇
高行镇
曹路镇
金桥片区
金桥镇
张江高科技片区
合庆镇
东方明珠
陆家嘴金融片区
新区管委会
上海科技馆
唐镇
川沙新镇
张江镇
北蔡镇
康桥镇
三林镇
上海迪士尼乐园
浦东国际机场
浦东机场综合保税区
周浦镇
祝桥镇
闵行区
上海野生动物园
惠南镇
老港镇
航头镇
新场镇
宣桥镇
书院镇
大团镇
万祥镇
滨海森林公园
奉贤区
泥城镇
自贸区管委会
南汇新城镇
闵行经济技术开发区
洋山保税港区
九段沙湿地
横沙岛
九段沙

图5-2 上海浦东新区

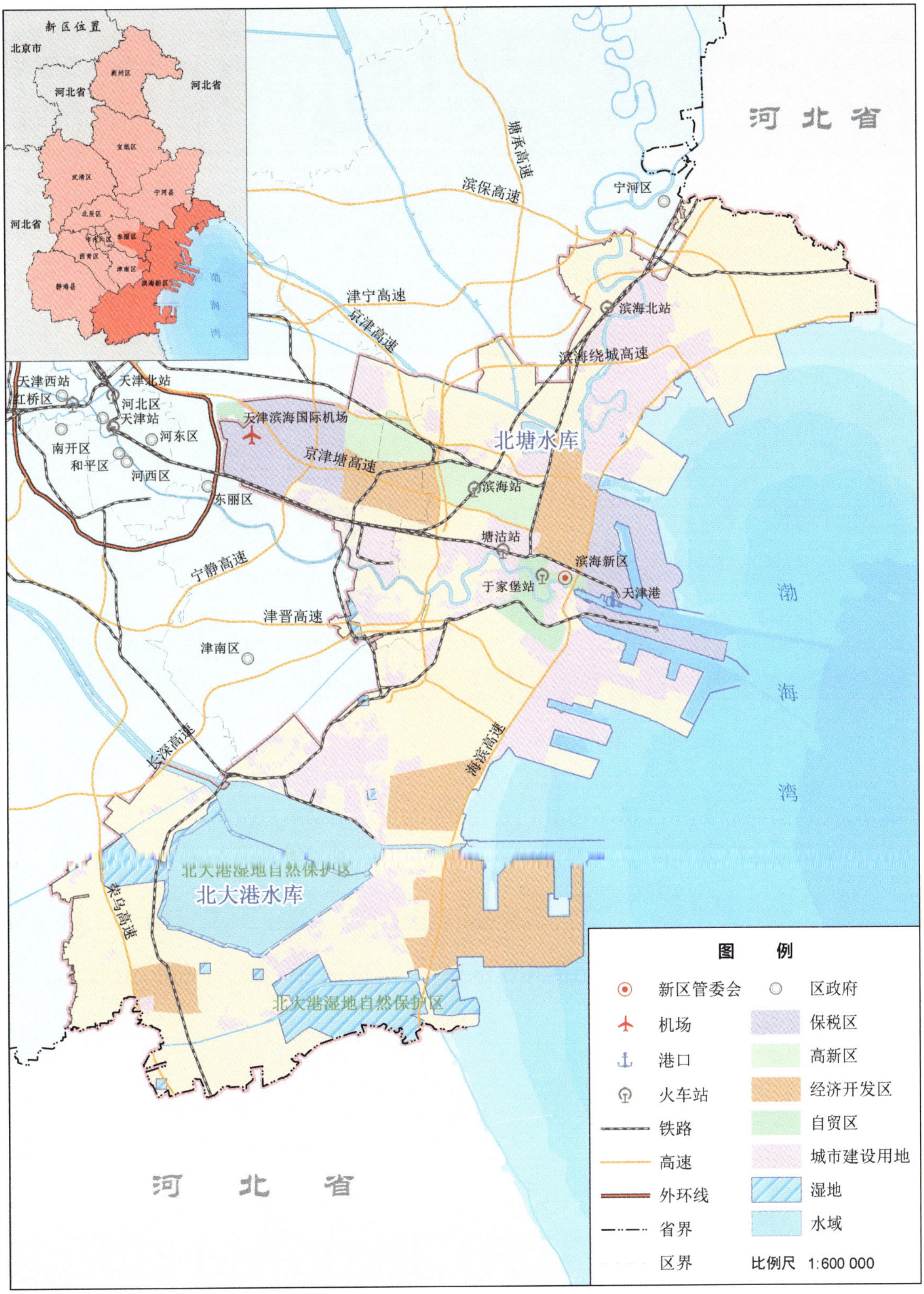

新区位置
北京市
河北省
蓟州区
宝坻区
武清区
宁河县
北辰区
东丽区
西青区
津南区
滨海新区
静海县
渤海湾
河北省
塘承高速
滨保高速
宁河区
津宁高速
京津高速
滨海北站
滨海绕城高速
天津西站
天津北站
红桥区
河北区
天津站
河东区
南开区
和平区
河西区
东丽区
天津滨海国际机场
京津塘高速
北塘水库
滨海站
塘沽站
滨海新区
于家堡站
天津港
宁静高速
津晋高速
津南区
渤
海
湾
长深高速
海滨高速
北大港湿地自然保护区
北大港水库
荣乌高速
河 北 省
图 例
新区管委会
区政府
机场
保税区
港口
高新区
火车站
经济开发区
铁路
自贸区
高速
城市建设用地
外环线
湿地
省界
水域
区界
比例尺 1:600 000

图5-3 天津滨海新区

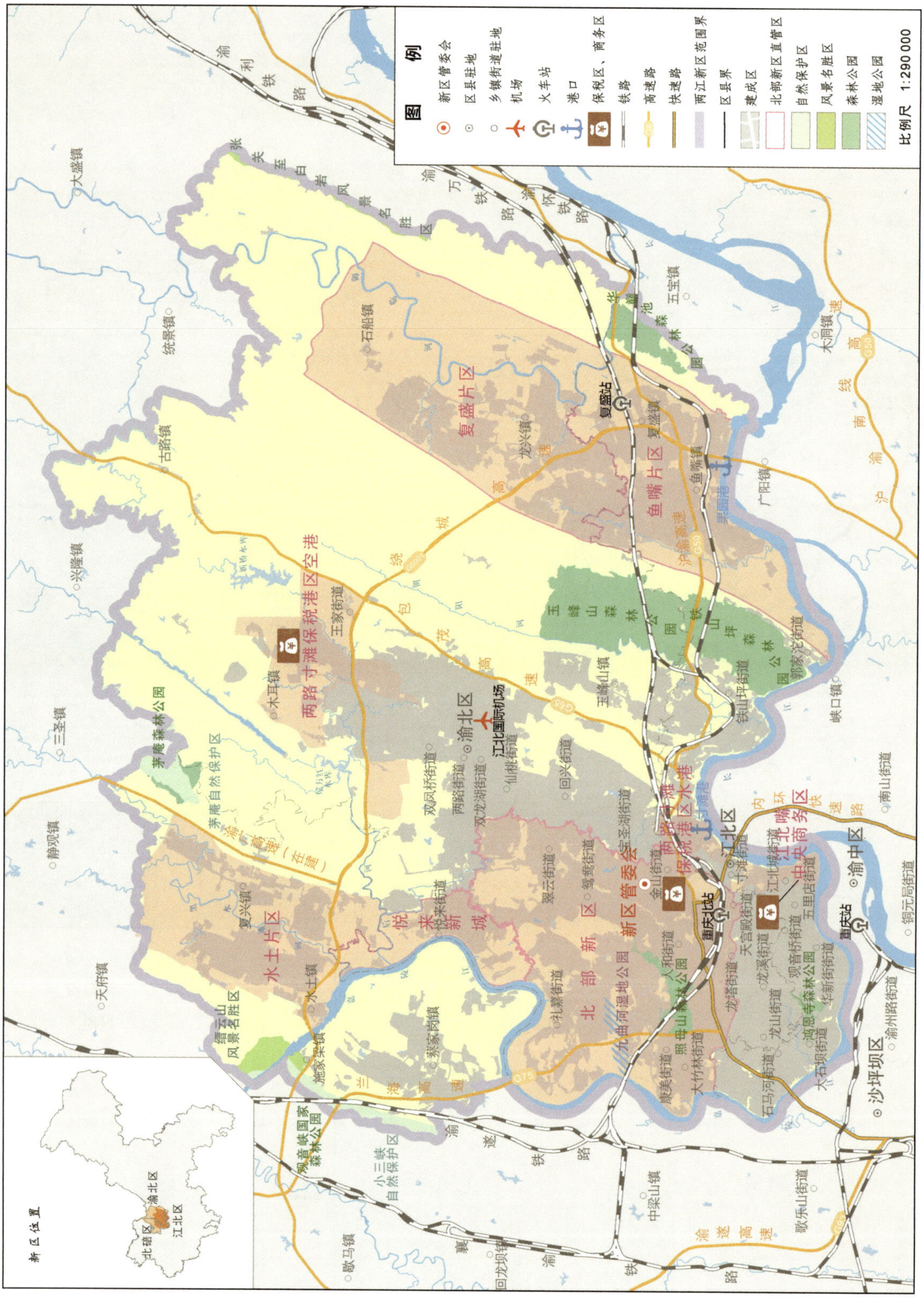
图例
新区管委会
区县驻地
乡镇街道驻地
机场
火车站
港口
保税区、商务区
铁路
高速路
快速路
两江新区范围界
区县界
建成区
北部新区直管区
自然保护区
风景名胜区
森林公园
湿地公园
比例尺 1:290 000
新区位置
渝北区
江北区
北碚区
复盛片区
鱼嘴片区
水土片区
两路寸滩保税港区空港
两路寸滩保税港区水港
江北嘴中央商务区
新区管委会
北部新区
悦来新城
江北国际机场
重庆北站
重庆站
复盛站
渝中区
沙坪坝区
玉峰山森林公园
铁山坪森林公园
照母山森林公园
九曲河湿地公园
缙云山风景名胜区
茅庵森林公园
茅庵自然保护区
张关至白岩风景名胜区
华蓥山森林公园
观音峡国家森林公园
鸿恩寺森林公园
小三峡自然保护区

图5-4　重庆两江新区

图5-5 浙江舟山群岛新区

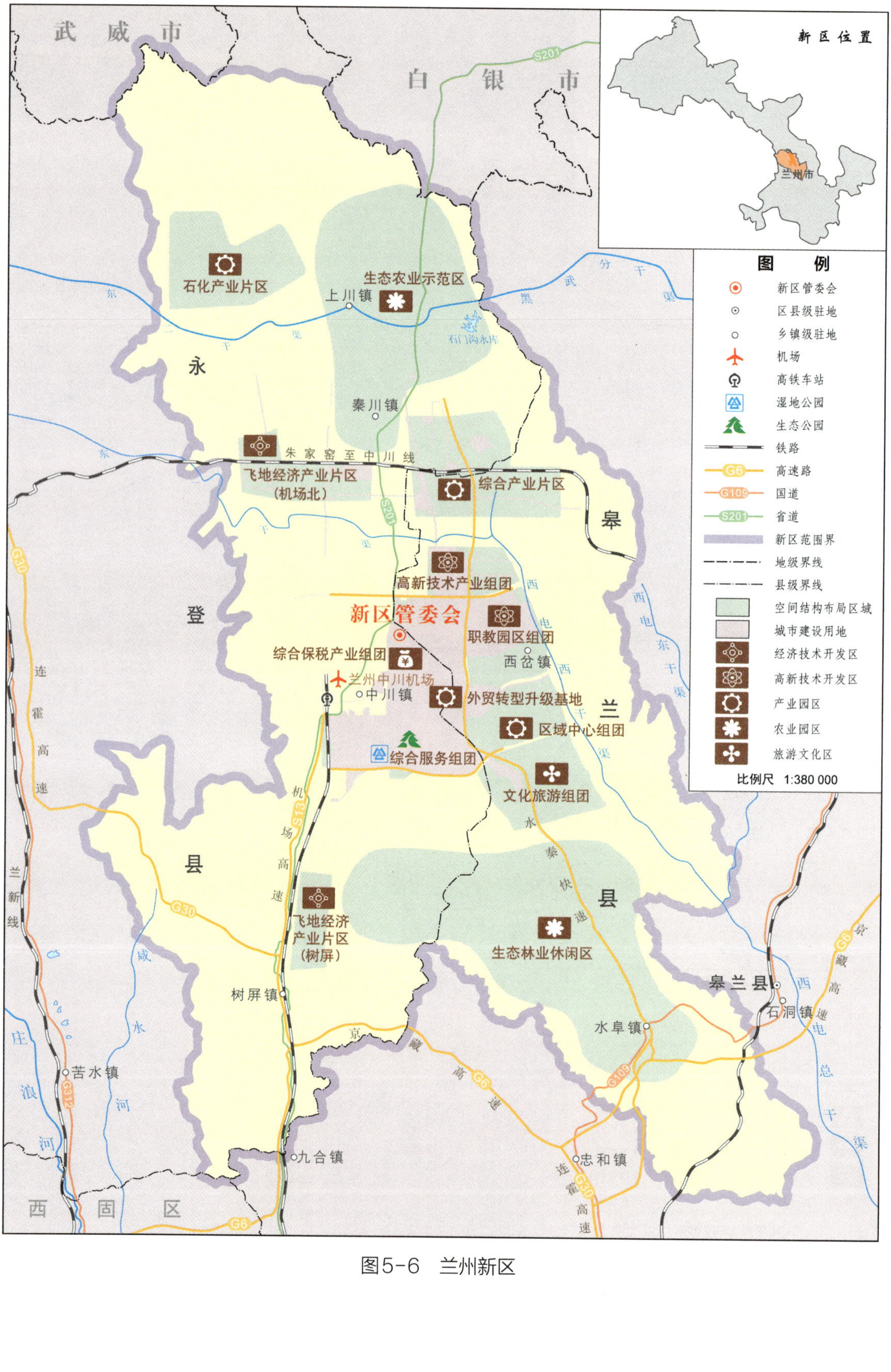
武 威 市
白 银 市
新区位置
兰州市
图 例
新区管委会
区县级驻地
乡镇级驻地
机场
高铁车站
湿地公园
生态公园
铁路
高速路
国道
省道
新区范围界
地级界线
县级界线
空间结构布局区域
城市建设用地
经济技术开发区
高新技术开发区
产业园区
农业园区
旅游文化区
比例尺 1:380 000
石化产业片区
生态农业示范区
上川镇
石门沟水库
东二干渠
东黑武分干渠
永
登
县
秦川镇
朱家窑至中川线
飞地经济产业片区
（机场北）
综合产业片区
皋
兰
县
高新技术产业组团
新区管委会
职教园区组团
综合保税产业组团
兰州中川机场
中川镇
西岔镇
外贸转型升级基地
区域中心组团
综合服务组团
文化旅游组团
西电东干渠
西电干渠
机场高速
飞地经济
产业片区
（树屏）
生态林业休闲区
水秦快速
皋兰县
石洞镇
水阜镇
树屏镇
连霍高速
兰新线
咸水河
庄浪河
苦水镇
京藏高速
九合镇
忠和镇
连霍高速
西电总干渠
西 固 区
G30
G6
G109
G312
S201
S13

图5-6 兰州新区

番 禺 区
东
莞
市
佛
山
市
中
山
市
中山市
南沙新区
东涌镇
榄核镇
黄阁镇
大岗镇
南沙街道
横沥镇
万顷沙镇
珠江街道
龙穴街道
南沙港快速路
伶
仃
洋
新区位置
广州市
图 例
地级市政府驻地
镇级政府驻地
新区管委会
长途汽车站
港口
城市快速路
铁路
高速公路
国道
省道
森林公园
自贸区
开发区
建成区
比例尺 1:330 000
备 注
① 庆盛枢纽区块
② 海港区块之沙仔岛作业区
③ 蕉门河中心区区块
④ 明珠湾起步区区块（二）
⑤ 明珠湾起步区区块
⑥ 明珠湾起步区区块（三）
⑦ 南沙湾区块
⑧ 南沙枢纽区块
⑨ 万顷沙保税港加工制造业区块
⑩ 海港区块之龙穴岛作业区

图5-7 广州南沙新区

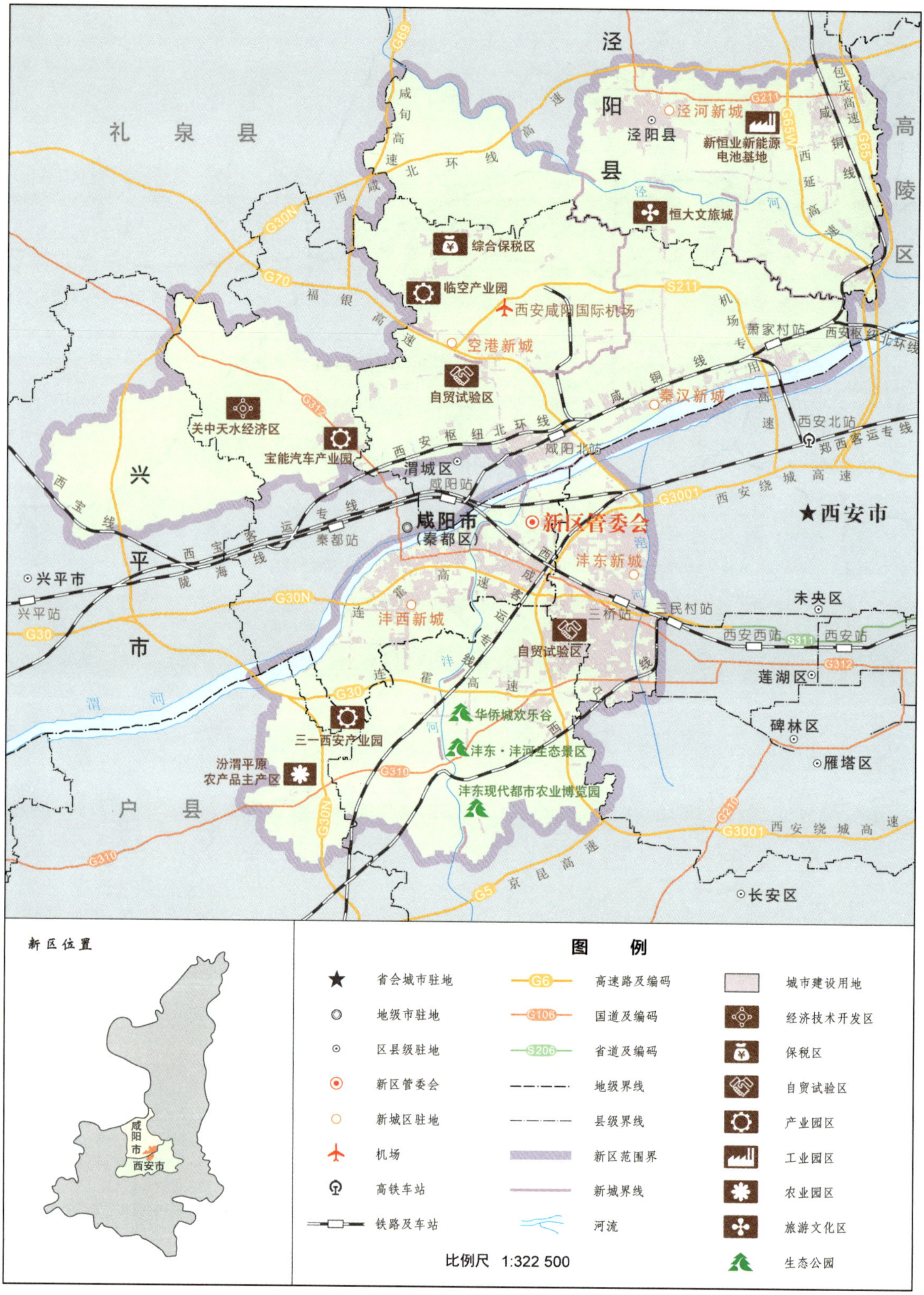
泾
阳
县
泾河新城
泾阳县
新恒业新能源电池基地
恒大文旅城
礼　泉　县
咸旬高速
西咸北环线
包茂高速
西延高速
高
陵
区
综合保税区
临空产业园
西安咸阳国际机场
空港新城
福银高速
机场专用高速
萧家村站
西安枢纽北环线
咸铜线
秦汉新城
自贸试验区
关中天水经济区
宝能汽车产业园
西安枢纽北环线
咸阳北站
西安北站
郑西客运专线
渭城区
咸阳站
西安绕城高速
★西安市
兴
平
市
西宝线
西宝客运专线
秦都站
咸阳市
（秦都区）
新区管委会
沣东新城
陇海线
西咸高速
兴平市
兴平站
沣西新城
连霍高速
三桥站
三民村站
未央区
西安西站
西安站
自贸试验区
莲湖区
渭河
连霍高速
沣河
华侨城欢乐谷
碑林区
三一西安产业园
沣东·沣河生态景区
雁塔区
泾渭平原农产品主产区
沣东现代都市农业博览园
户　县
西安绕城高速
京昆高速
长安区
G69
G30N
G70
G312
G211
G65W
G65
S211
G3001
G30
S311
G310
G5
G210
新区位置
咸阳市
西安市
图　例
省会城市驻地
地级市驻地
区县级驻地
新区管委会
新城区驻地
机场
高铁车站
铁路及车站
高速路及编码
国道及编码
省道及编码
地级界线
县级界线
新区范围界
新城界线
河流
城市建设用地
经济技术开发区
保税区
自贸试验区
产业园区
工业园区
农业园区
旅游文化区
生态公园
比例尺　1:322 500

图5-8　陕西西咸新区

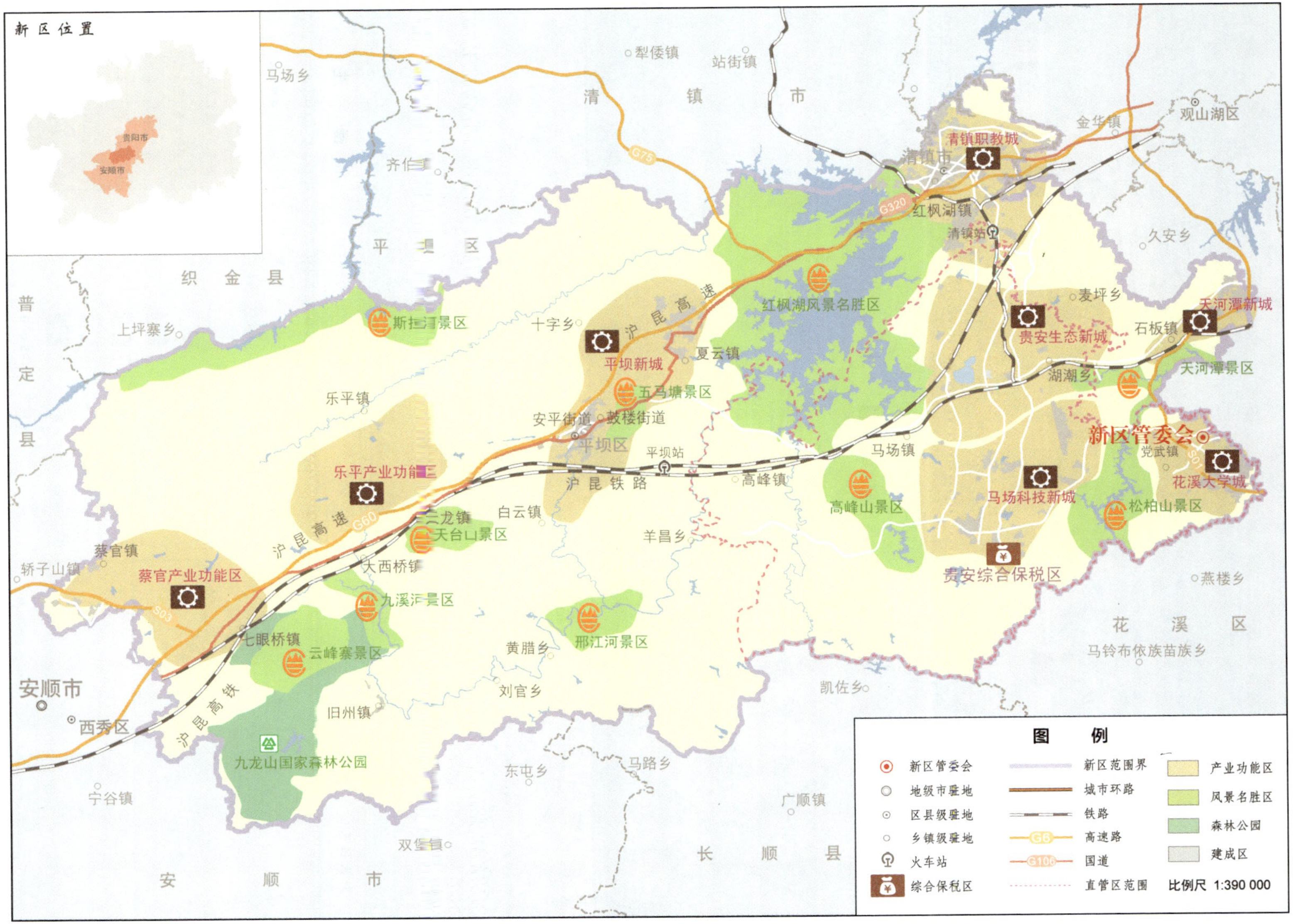
新区位置
贵阳市
安顺市
图例
新区管委会
地级市驻地
区县级驻地
乡镇级驻地
火车站
综合保税区
新区范围界
城市环路
铁路
高速路
国道
直管区范围
产业功能区
风景名胜区
森林公园
建成区
比例尺 1:390 000
新区管委会
青镇职教城
贵安生态新城
天河潭新城
马场科技新城
花溪大学城
贵安综合保税区
平坝新城
乐平产业功能区
蔡官产业功能区
红枫湖风景名胜区
天河潭景区
松柏山景区
高峰山景区
五马塘景区
斯拉河景区
天台山景区
九溪汇景区
邢江河景区
云峰寨景区
九龙山国家森林公园
清镇市
红枫湖镇
清镇站
金华镇
观山湖区
久安乡
麦坪乡
石板镇
湖潮乡
党武镇
马场镇
高峰镇
平坝站
平坝区
安平街道
鼓楼街道
夏云镇
十字乡
乐平镇
白云镇
羊昌乡
三龙镇
大西桥镇
七眼桥镇
黄腊乡
刘官乡
旧州镇
蔡官镇
轿子山镇
安顺市
西秀区
宁谷镇
东屯乡
马路乡
广顺镇
双堡镇
凯佐乡
燕楼乡
马铃布依族苗族乡
花溪区
长顺县
安顺市
普定县
织金县
平坝区
上坪寨乡
马场乡
犁倭镇
站街镇
清镇市
齐伯镇
沪昆高速
沪昆铁路
沪昆高铁
G320
G75
G60
S01
S03
图5-9 贵州贵安新区

图5-10 青岛西海岸新区

新区位置
铁岭市
阜新市
沈阳市
抚顺市
朝阳市
锦州市
辽阳市
本溪市
盘锦市
葫芦岛市
丹东市
营口市
鞍山市
大连市
金普新区
瓦 房 店 市
普 兰 店 市
瓦长线
炮台街道
辽宁瓦房店炮台经济开发区
复州湾站
复州湾街道
铁西街道
皮长高速公路
丰荣街道
普兰店火车站
太平街道
辽宁普兰店经济开发区
南山街道
沈大线
二龙山国家森林公园
石河街道
石河站
普湾站
三十里堡街道
三十里堡车站
沈大高速铁路
沈海高速公路
七顶山街道
向应街道
华家街道
杏树街道
杏树屯站
登沙河街道
亮甲店街道
亮甲店火车站
登沙河火车站
大魏家街道
金州保税区
二十里堡街道
丹大快速铁路
广宁寺站
鹤大高速
大李家街道
得胜街道
金川开发区
金州湾国际机场（在建）
友谊街道
拥政街道
中长街道
大连大赫山国家森林公园
光明街道
先进街道
董家沟街道
金石滩街道
金州站
大连金石滩国家旅游度假区
大连滨海国家地质公园
金普新区管委会
甘井子区
海青岛街道
辽宁自贸区大连片区
大孤山街道
大连大赫山国家森林公园
新港街道
大连大赫山国家森林公园
大连周水子国际机场
沙河口区
大连市
西岗区
中山区
图 例
新区管委会
地级市政府驻地
街道办事处驻地
机场
地质公园
海岸线
新区范围界
县级界线
铁路及车站
高速公路
国道
快速轨道
森林公园
开发区
保税区
自贸区
比例尺 1:450 000

图5-11 大连金普新区

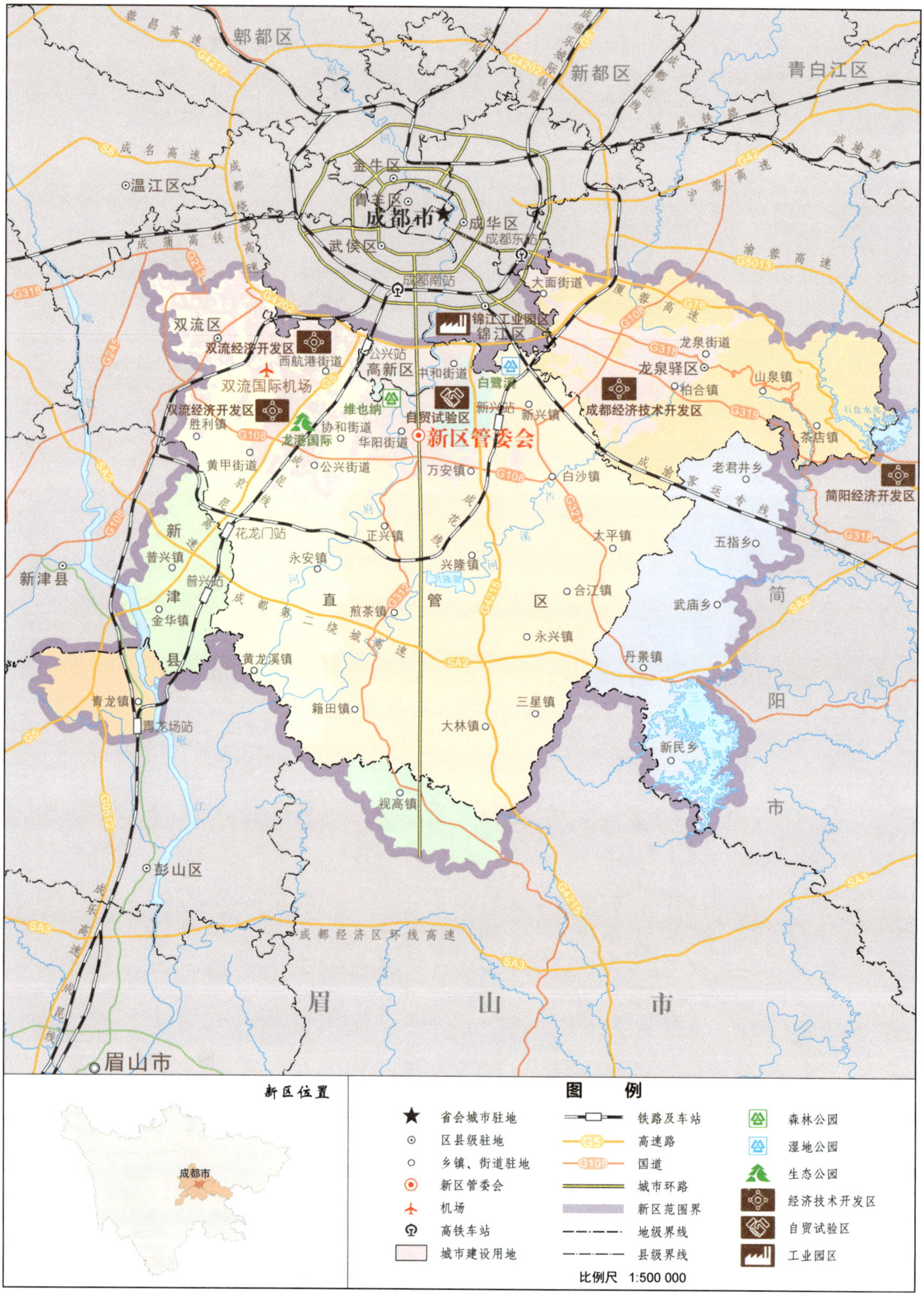
郫都区
新都区
青白江区
温江区
金牛区
青羊区
成都市
成华区
武侯区
成都东站
成都南站
大面街道
锦江工业园区
锦江区
双流区
双流经济开发区
西航港街道
公兴站
高新区
中和街道
双流国际机场
白鹭湾
龙泉街道
龙泉驿区
柏合镇
山泉镇
成都经济技术开发区
双流经济开发区
维也纳
自贸试验区
新兴站
新兴镇
茶店镇
胜利镇
协和街道
龙港国际
华阳街道
新区管委会
黄甲街道
公兴街道
万安镇
白沙镇
老君井乡
简阳经济开发区
花龙门站
正兴镇
太平镇
五指乡
新津县
普兴镇
永安镇
兴隆镇
普兴站
合江镇
金华镇
煎茶镇
武庙乡
永兴镇
黄龙溪镇
丹景镇
青龙镇
青龙场站
籍田镇
三星镇
大林镇
新民乡
视高镇
彭山区
成都经济区环线高速
眉山市
眉山市
直管区
新津县
简阳市
新区位置
成都市
图例
省会城市驻地
区县级驻地
乡镇、街道驻地
新区管委会
机场
高铁车站
城市建设用地
铁路及车站
高速路
国道
城市环路
新区范围界
地级界线
县级界线
森林公园
湿地公园
生态公园
经济技术开发区
自贸试验区
工业园区
比例尺 1:500 000

图5-12 四川天府新区

望城区
望城区政府
乌山镇
星城镇
开福区
宁乡经济技术开发区
望城经济技术开发区
金洲镇
宁乡市政府
城郊乡
玉潭镇
历经铺乡
宁乡高新技术产业开发区
东方红镇
岳麓区政府
长沙市政府
白箬铺镇
湘江新区
长沙高新技术产业园
雨敞坪镇
岳麓科技产业园
莲花镇
坪塘镇
宁乡市
岳麓区
天心区
雨湖区
新区位置
图 例
新区管委会
地级市驻地
区县级驻地
乡镇级驻地
新区范围界
地级界线
县级界线
铁路
G6 高速路
G106 国道
S208 省道
建成区
风景名胜区
森林公园
湿地公园
高（新）技术开发区
经济技术开发区
产业园区
河流
湖泊(水库)
比例尺 1:275 000

图5-13 湖南湘江新区

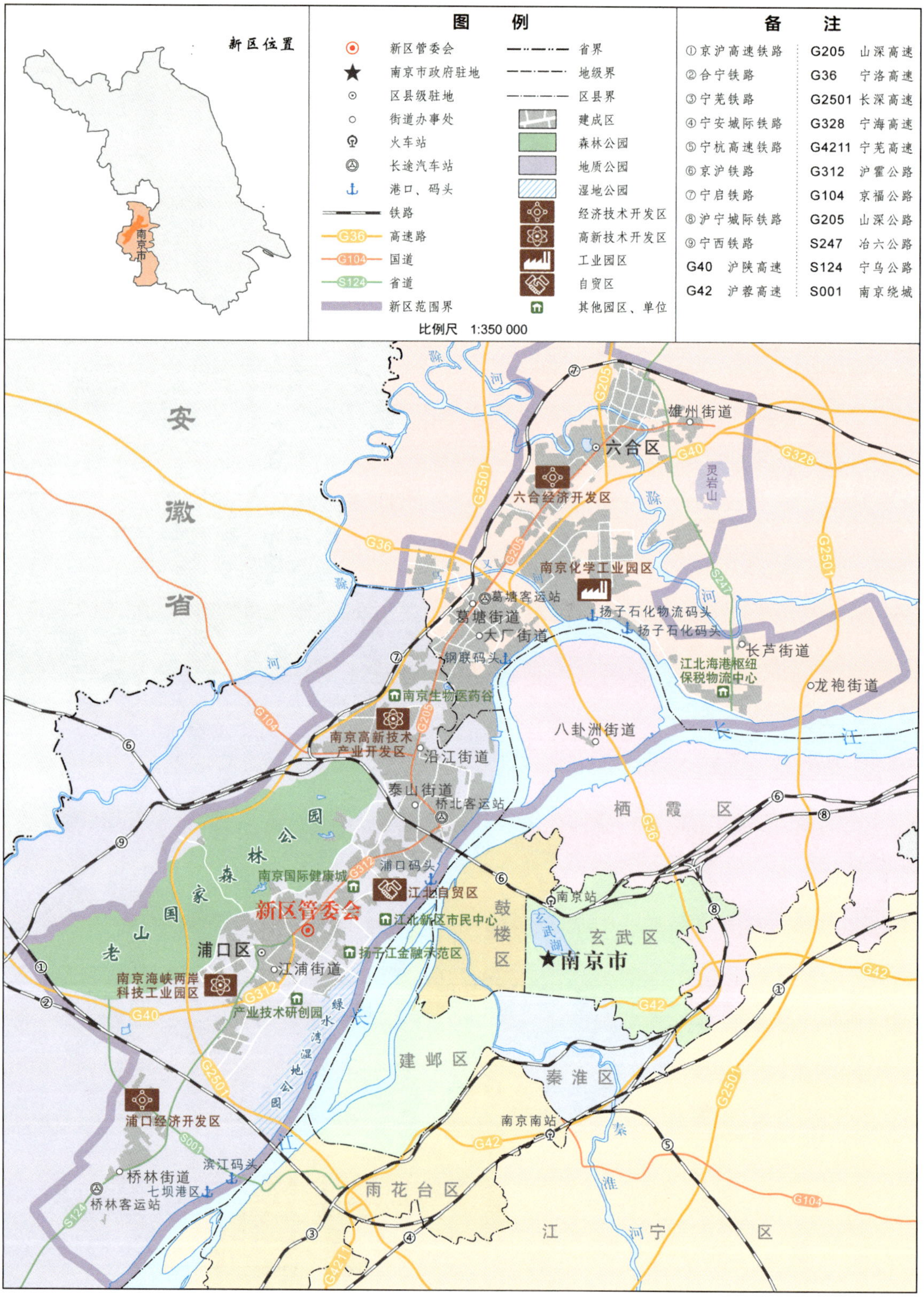
新区位置
南京市
图 例
新区管委会
南京市政府驻地
区县级驻地
街道办事处
火车站
长途汽车站
港口、码头
铁路
高速路
国道
省道
新区范围界
省界
地级界
区县界
建成区
森林公园
地质公园
湿地公园
经济技术开发区
高新技术开发区
工业园区
自贸区
其他园区、单位
比例尺 1:350 000
备 注
①京沪高速铁路
②合宁铁路
③宁芜铁路
④宁安城际铁路
⑤宁杭高速铁路
⑥京沪铁路
⑦宁启铁路
⑧沪宁城际铁路
⑨宁西铁路
G40 沪陕高速
G42 沪蓉高速
G205 山深高速
G36 宁洛高速
G2501 长深高速
G328 宁海高速
G4211 宁芜高速
G312 沪霍公路
G104 京福公路
G205 山深公路
S247 冶六公路
S124 宁乌公路
S001 南京绕城
安
徽
省
雄州街道
六合区
六合经济开发区
灵岩山
南京化学工业园区
葛塘客运站
葛塘街道
大厂街道
扬子石化物流码头
扬子石化码头
长芦街道
钢联码头
江北海港枢纽
保税物流中心
龙袍街道
南京生物医药谷
南京高新技术
产业开发区
八卦洲街道
沿江街道
泰山街道
桥北客运站
栖
霞
区
老山国家森林公园
南京国际健康城
浦口码头
江北自贸区
南京站
新区管委会
江北新区市民中心
鼓
楼
区
玄武湖
玄武区
浦口区
扬子江金融示范区
★南京市
江浦街道
南京海峡两岸
科技工业园区
产业技术研创园
绿水湾湿地公园
建邺区
秦淮区
浦口经济开发区
南京南站
浦江码头
桥林街道
七坝港区
桥林客运站
雨花台区
江宁区
长江
滁河
秦淮河

图5-14　南京江北新区

新区位置
福州市
晋安区
连江县
北部片区
重点发展滨海休闲度假、航运物流、特色都市农业等产业。
琅岐镇
亭江镇
温福铁路
新区管委会
福马铁路
罗星街道
马尾站
马尾区
仓山区
福州火车南站
福建闽江河口湿地国家级自然保护区
梅花镇
文岭镇
金峰镇
长乐大鹤海滨省级森林公园
长乐市
湖南镇
福州长乐国际机场
漳港街道
闽侯县
文武砂镇
福建长乐国家森林公园
古槐镇
永泰县
中部片区
重点发展现代商贸、金融、科技研发、总部经济等高端服务业。
江田镇
松下镇
福州港松下港区
福清市
城头镇
海口镇
福厦铁路
南部片区
重点发展临港重化、电子信息、机械制造、新能源、航运物流产业。
平潭综合实验区
龙田镇
融侨码头
三山镇
新厝镇
莆田市
高山镇
江阴镇
沙埔镇
东瀚镇
江阴码头
图例
新区管委会
区县级政府驻地
乡镇级政府驻地
机场
高铁站
港口及码头
自然保护区
森林公园
铁路及车站
高速路
国道
省道
新区范围界
地市级界
县级界
城市建设用地
开发区
保税区
比例尺 1:480 000

图5-15 福州新区

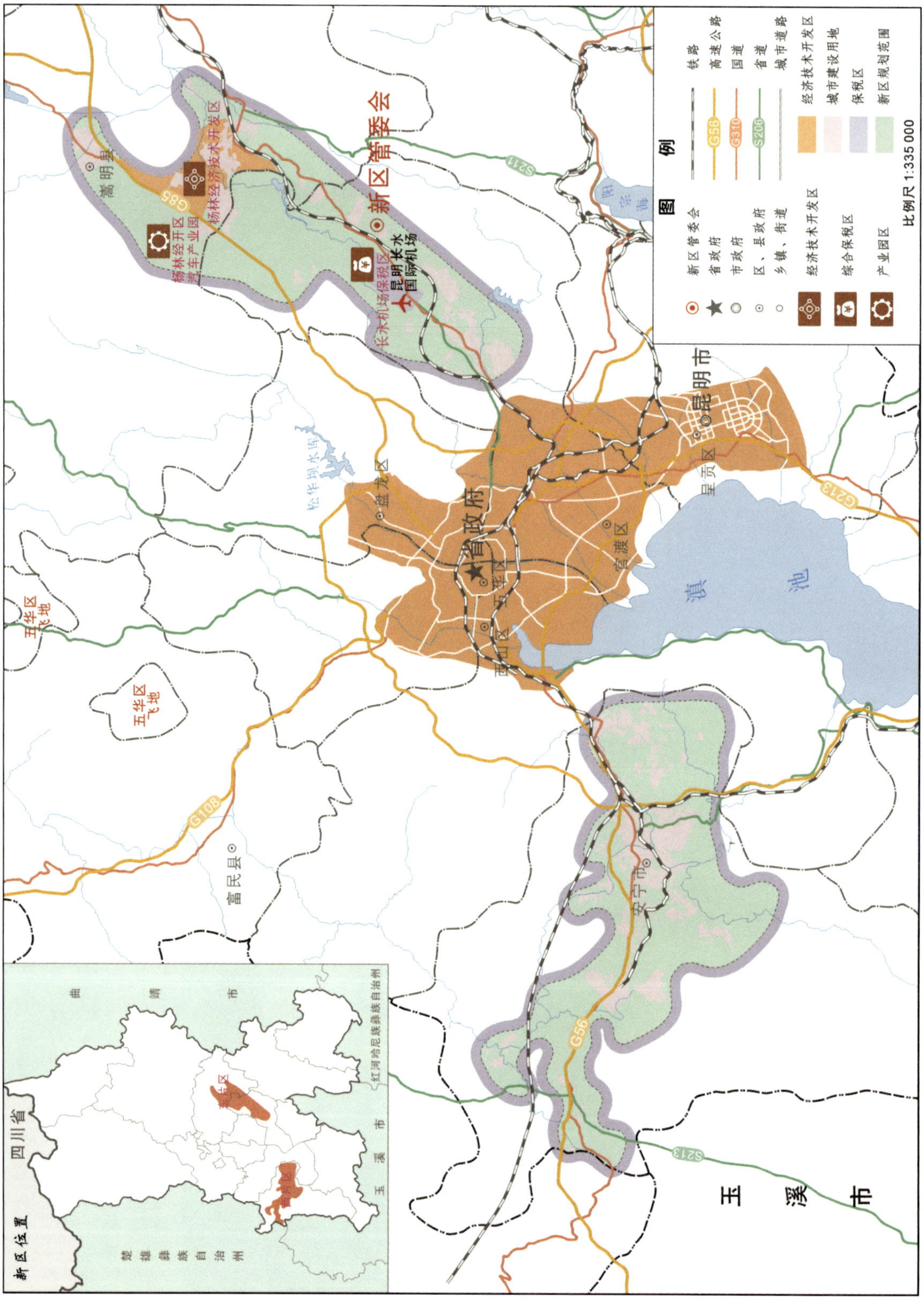
图例
新区管委会
省政府
市政府
区、县政府
乡镇、街道
经济技术开发区
综合保税区
产业园区
铁路
高速公路
国道
省道
城市道路
经济技术开发区
城市建设用地
保税区
新区规划范围
比例尺 1:335 000
新区管委会
省政府
昆明市
滇池
玉溪市
嵩明县
杨林经济技术开发区
杨林经开区汽车产业园
长水机场保税区
昆明长水国际机场
松华坝水库
盘龙区
五华区
西山区
官渡区
呈贡区
安宁市
富民县
五华区飞地
阳宗海
新区位置
四川省
曲靖市
红河哈尼族彝族自治州
玉溪市
楚雄彝族自治州

图5-16　云南滇中新区

新区位置
哈尔滨市
呼兰区
松北区
哈尔滨新区
道外区
道里区
南岗区
香坊区
平房区
阿城区
双城区
太阳岛国家湿地公园
市政府
市委
省委
省政府
松北区
呼兰区
道外区
道里区
南岗区
香坊区
平房区
利民开发区
松浦村工业区
东北亚工业区
哈尔滨科技创新城
哈尔滨开发区（哈平路集中区）
哈尔滨站
哈尔滨北站
哈尔滨东站
哈尔滨西站
哈尔滨南站
王岗站
滨江站
庆丰村
玉乡村
玉林村
裕田村
裕强村
格华村
新华村
治水村
化家村
巨宝村
松浦村
红光村
太阳升村
山后村
薛卜村
大兆村
黎明村
平乐村
高家村
曙光村
工农村
东福村
韩家村
八一水库
友谊水库
民丰水库
肇兰新河
呼兰河
松花江
图例
省级行政中心
地级行政中心
县区级行政中心
其他居民地
高速公路
国道
省道
其他道路
高速铁路及车站
铁路及车站
城市环线主干道
地级界
县级界
哈尔滨新区
国家级湿地公园
比例尺 1:300 000

图5-17 哈尔滨新区

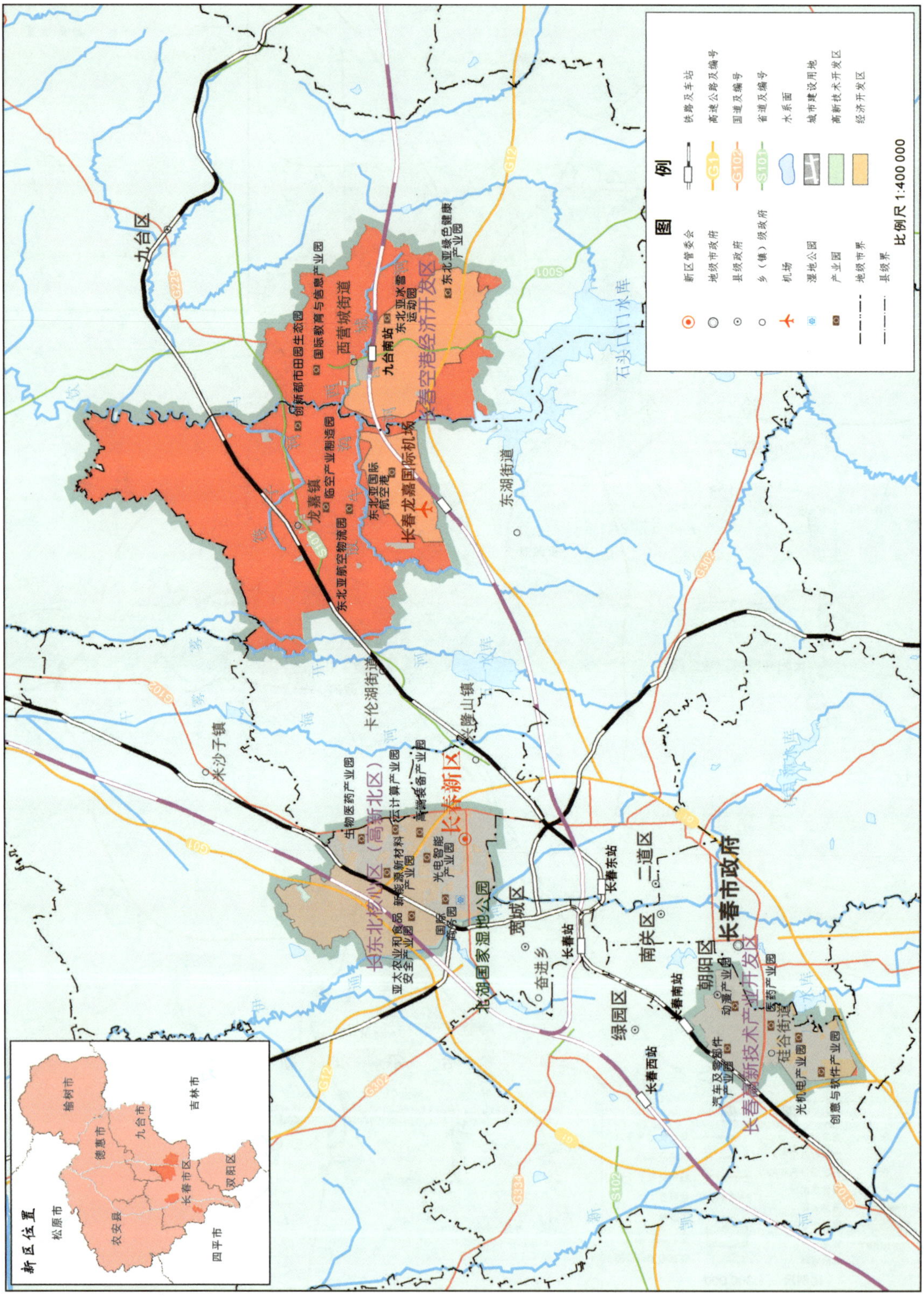
图例
新区管委会
地级市政府
县级政府
乡（镇）级政府
机场
湿地公园
产业园
地级市界
县级界
铁路及车站
高速公路及编号
国道及编号
省道及编号
水系面
城市建设用地
高新技术开发区
经济开发区
比例尺 1:400 000
新区位置
长春新区
长春市政府
长春空港经济开发区
长春龙嘉国际机场
长东北核心区（高新北区）
长春高新技术产业开发区
北湖国家湿地公园
九台区
龙嘉镇
西营城街道
东湖街道
卡伦湖街道
米沙子镇
兴隆山镇
奋进乡
宽城区
二道区
南关区
朝阳区
绿园区
长春站
长春东站
长春南站
长春西站
九台南站
石头口门水库
硅谷街道
东北亚航空物流园
临空产业制造园
东北亚国际航空港
创新都市田园生态园
国际教育与信息产业园
东北亚冰雪运动园
东北亚绿色健康产业园
生物医药产业园
云计算产业园
高端装备产业园
新能源新材料产业园
光电智能产业园
国际商务园
亚太农业和食品安全产业园
汽车及零部件产业园
动漫产业园
医药产业园
光机电产业园
创意与软件产业园
榆树市
德惠市
九台市
长春市区
双阳区
农安县
吉林市
松原市
四平市

图 5-18 长春新区

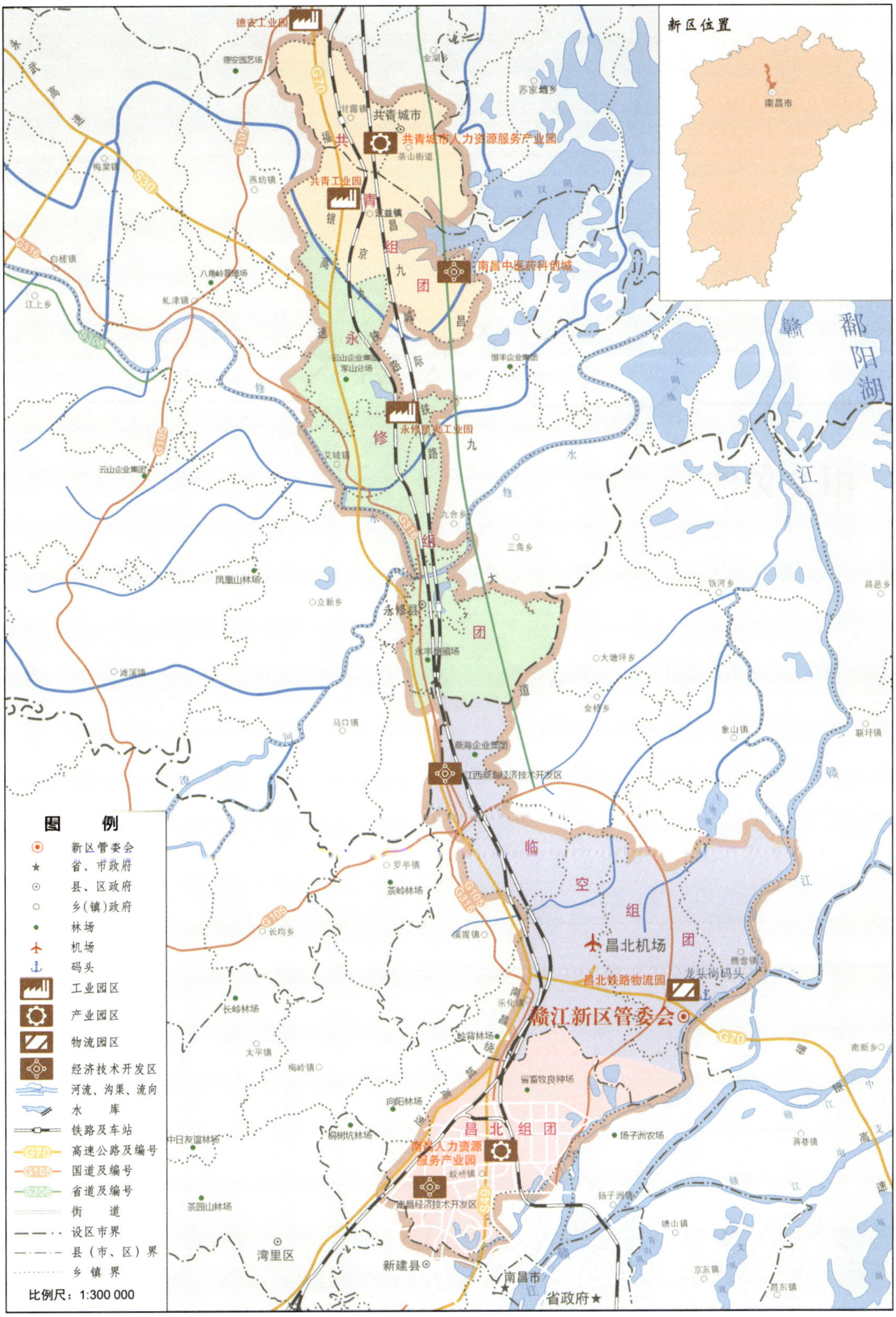
新区位置
南昌市
德安工业园
共青城市
共青城市人力资源服务产业园
共青工业园
南昌中医药科创城
共青组团
永修组团
永修星火工业园
永修县
临空组团
昌北机场
昌北铁路物流园
赣江新区管委会
昌北组团
南昌人力资源服务产业园
南昌经济技术开发区
江西永修经济技术开发区
湾里区
新建县
南昌市
省政府
鄱阳湖
赣江
修水
图例
新区管委会
省、市政府
县、区政府
乡(镇)政府
林场
机场
码头
工业园区
产业园区
物流园区
经济技术开发区
河流、沟渠、流向
水库
铁路及车站
高速公路及编号
国道及编号
省道及编号
街道
设区市界
县（市、区）界
乡镇界
比例尺：1:300 000

图5-19 江西赣江新区

相关文件

中共中央　国务院关于支持河北雄安新区全面深化改革和扩大开放的指导意见

设立河北雄安新区，是以习近平同志为核心的党中央深入推进京津冀协同发展作出的一项重大决策部署，是继深圳经济特区和上海浦东新区之后又一具有全国意义的新区，是重大的历史性战略选择，是千年大计、国家大事。为支持雄安新区全面深化改革和扩大开放，提出以下意见。

一、总体要求

（一）指导思想

以习近平新时代中国特色社会主义思想为指导，全面贯彻党的十九大和十九届二中、三中全会精神，坚持和加强党的全面领导，坚持稳中求进工作总基调，坚持新发展理念，按照统筹推进“五位一体”总体布局和协调推进“四个全面”战略布局要求，以供给侧结构性改革为主线，始终坚持世界眼光、国际标准、中国特色、高点定位，牢牢把握北京非首都功能疏解集中承载地这个初心，紧紧围绕创造“雄安质量”、建设“廉洁雄安”和打造推动高质量发展的全国样板，进一步解放思想、勇于创新，赋予雄安新区更大的改革自主权，着力在创新发展、城市治理、公共服务等方面先行先试、率先突破，构建有利于增强对优质北京非首都功能吸引力、符合高质量发展要求和未来发展方向的制度体系，推动雄安新区实现更高质量、更有效率、更加公平、更可持续发展，努力打造贯彻落实新发展理念的创新发展示范区，为全国改革开放大局作出贡献。

（二）基本原则

——坚持党的集中统一领导。充分发挥党总揽全局、协调各方的领导核心作用，把党的建设始终贯穿雄安新区规划建设和改革开放各个阶段、各个领域、各个环节，旗帜鲜明讲政治，把党的政治优势、组织优势转化为推进雄安新区改革开放的强大动力和坚强保障。

——坚持高点站位、统筹谋划。着眼建设北京非首都功能疏解集中承载地，按照思路再宽一些、再活一点的原则，与雄安新区规划纲要相衔接，加强改革开放的通盘谋划和顶层设计。坚持问题导向，在重点领域和关键环节改革创新上集中发力，争取早日取得实效。

——坚持大胆探索、先行先试。坚持敢为天下先，坚决破除不合时宜的思想观念、条条框框和利益藩篱，根据雄安新区实际情况和特点，推动各领域改革开放前沿政策措施和具有前瞻性的创新试点示范项目在雄安新区落地、先行先试，为全国提供可复制可推广的经验。

——坚持立足当前、着眼长远。把握改革开放工作推进的节奏和力度，既在起步阶段给予必要的政策支持，增强启动能力和持续发展动力，又着眼于破解深层次矛盾和问题，为雄安新区长远发展提供制度保障。

（三）主要目标

系统推进体制机制改革和治理体系、治理能力现代化，推动雄安新区在承接中促提升，在改革发展中谋创新，把雄安新区建设成为北京非首都功能集中承载地、京津冀城市群重要一极、高质量高水平社会主义现代化城市，发挥对全面深化改革的引领示范带动作用，走出一条新时代推动高质量发展的新路径，打造新时代高质量发展样板。

到2022年，适应雄安新区定位和高质量发展要求、使市场在资源配置中起决定性作用和更好发挥政府作用的制度体系基本建立，重点领域和关键环节改革取得明显成效，优质宽松的发展环境和活跃高效的创新氛围基本形成，对北京非首都功能和人口吸引力明显增强，改革开放作为雄安新区发展根本动力的作用得到显现。

到2035年，雄安新区全面深化改革和扩大开放各项举措得到全面贯彻落实，构建形成系统完备、科学规范、运行有效的制度体系，疏解到新区的非首都功能得到进一步优化发展，“雄安质量”标准体系基本成熟并逐步推广，对推动高质量发展的引领带动作用进一步凸显。

到本世纪中叶，雄安新区社会主义市场经济体制更加完善，治理体系和治理能力实现现代化，经济发展的质量变革、效率变革、动力变革基本完成，社会充满活力又和谐有序，改革开放经验和成果在全国范围内得到广泛推广，形成较强国际影响力。

二、重点任务

（一）强化创新驱动，建设现代化经济体系

坚持把创新作为引领雄安新区高质量发展的第一动力，以供给侧结构性改革为主线，系统推进有利于承接北京非首都功能、集聚创新要素资源的体制机制改革，着力建设具有核心竞争力的产业集群，培育新增长点、形成新动能，努力构建市场机制高效、主体活力强劲的经济体系。

1.深入推进疏解到雄安新区的国有企业和事业单位改革。支持在京国有企业总部及分支机构向雄安新区转移，在疏解中推动国有经济布局优化、结构调整、战略性重组，促进国有资产保值增值，推动国有资本做强做优做大。完善资产管理体制，建立以管资本为主的新区国有资产监管机制，率先形成有效制衡的法人治理结构和灵活高效的市场化经营机制。坚持分类指导、宜混则混的原则，积极稳妥发展混合所有制经济，培育企业竞争力，雄安新区国有企业除涉及国民经济命脉或承担重大专项任务外，原则上可以探索发展混合所有制经济。推动在京各类事业单位向雄安新区疏解，在疏解过程中加快推进事业单位改革，优化职能和人员结构，推进政事分开、事企分开、管办分离。

2.推动高端高新产业发展。把提高供给体系质量作为主攻方向，激发雄安新区经济发展内生动力。支持雄安新区吸引北京创新型、高成长性科技企业疏解转移。创造有利于一二三产业融合发展的新机制、新模式。严格产业准入标准，建立入区产业项目科学评估论证机制，制定雄安新区限制承接和布局的产业负面清单，对符合新区定位和发展方向的本地传统产业进行现代化改造提升，有力有序淘汰落后产能。

3.加强创新能力建设和科技成果转化。引导现有在京科研机构和创新平台有序向雄安新区疏解，新设立的国家实验室、国家技术创新中心等国家级科技创新平台优先在雄安新区布局，支持建设雄安新区中关村科技园。支持雄安新区企业联合金融机构、高校、科研院所和行业上下游共建产业协同创新共同体，建设产业创新中心，联合承担重大科研任务。建设服务于雄安新区创新发展的专业化高水平科技创新智库，鼓励社会力量创办新型研发机构。创新国际科技合作模式，鼓励科技创新领域国际组织落户雄安新区。支持雄安新区在前沿领域技术创新试验和应用方面先行先试。推进职务发明科技成果权属混合所有制改革，鼓励科技人员以职务发明科技成果投资入股，提高科技人员成果转化收益比例，放宽转制科研院所、高新技术企业科技人员在混合所有制员工持股改革中的持股比例。设立雄安科技成果转化基金，推动创新成果标准化、专利化并在雄安新区及相关地区转化利用。改革科技管理制度和科技政策决策咨询制度，将创新驱动发展能力作为重要指标纳入政府绩效考核体系。

4.充分激发市场主体活力。深入推进简政放权、放管结合、优化服务改革，减少微观管理事务和具体审批事项，最大限度减少政府对市场资源的直接配置，最大限度减少政府对市场活动的直接干预，打造产权有效激励、要素自由流动、竞争公平有序、企业优胜劣汰的发展环境。破除信贷、创新、招投标等方面对民营企业的隐性壁垒，构建亲清政商关系，健全企业家参与涉企政策制定机制。激发和保护企业家精神，在市场监管和公共服务过程中，对诚实守信、注重创新、积极履行社会责任的企业实行优先办理、简化程序等“绿色通道”支持激励政策。营造鼓励创新、宽容失败的环境氛围，制定实施支持雄安新区中小微企业的发展政策。

5.构建现代产权保护体系。建立并不断完善平等保护各类市场主体的产权保护制度，充分发挥产权激励作用。支持在雄安新区建设知识产权保护中心，提供知识产权快速审查、确权和维权服务，构建快速反应的知识产权执法机制，落实侵权惩罚性赔偿制度，将故意侵权行为纳入全国信用信息共享平台、国家企业信用信息公示系统和国家金融信用信息基础数据库，加大惩戒力度，大幅提高知识产权侵权成本。鼓励开展知识产权证券化融资和知识产权质押融资，建立健全知识产权质押融资风险分担机制。放宽知识产权服务业准入，扩大代理领域开放，放宽对专利代理机构股东和合伙人的条件限制。

6.深入实施军民融合发展战略。统筹军民共用重大科研基地和基础设施布局建设，建立军民融合重大研发任务协同创新机制，推动双向开放、信息交互、资源共享。放宽国防科技领域市场准入。

（二）完善城市治理体系，建设现代智慧城市

坚持以人民为中心的发展思想，按照强化服务、源头治理、权责一致、协调创新的要求，把智能治理思维、手段、模式贯穿雄安新区治理始终，创新城市规划设计模式，推进住房供给体系建设，提高城市管理科学化、精细化水平，建设高质量高水平的社会主义现代化城市。

7.建立科学高效的城市规划设计机制。突出专家在雄安新区规划编制中的基础和关键作用，让专业的人干专业的事，探索建立专家遴选、方案比选、评审决策的

工作程序，形成专家领衔、政府组织、多方参与、科学决策的规划编制工作机制。建立各类规划编制统筹和协调联动机制，控制性详细规划、修建性详细规划及相关专项规划应符合国土空间总体规划。推进地下空间统筹开发利用，健全规划、用地、建设、产权、使用、管理等相关制度。建立健全雄安新区城市规划设计建设管理标准体系，推进基础设施、城市建筑等领域标准化，为现代城市规划建设管理提供样板。

8.探索智慧城市管理新模式。应用新技术创新城市管理模式，建设智能高效宜居新型城市，实现城市管理网络化、数字化、智能化。研究在雄安新区建设国家级互联网骨干直联点，探索建设新型互联网交换中心。开展大数据应用综合性试验，推动建设跨部门、跨层级、跨业务的大数据中心，实现数据信息共享和深度应用。支持雄安新区在构建世界先进的城市信息基础设施基础上，深入推进“城市大脑”建设，探索建立基于全面感知的数据研判决策治理一体化智能城市管理模式，为交通、安全、环卫等精细化管理提供瞬时反应、高效联动的解决方案。

9.构建新型住房供给体系。坚持房子是用来住的、不是用来炒的定位，落实职住平衡要求，推动雄安新区居民实现住有所居。针对多层次住房需求建立多主体供应、多渠道保障、租购并举的住房制度，个人产权住房以共有产权房为主。严禁大规模开发商业房地产，严控周边房价，严加防范炒地炒房投机行为。制定与住房制度相配套、与开发建设方式相适应的土地供应政策，完善土地出让、租赁、租让结合、混合空间出让、作价出资入股等多元化土地利用和供应模式。探索不同供地方式下的不动产登记模式，创新购房与住房租赁积分制度。创新投融资机制，吸引各类社会主体参与雄安新区住房开发建设，支持专业化、机构化住房租赁企业发展，支持发行房地产投资信托基金（REITs）等房地产金融创新产品，明确管理制度和运行方式，探索与之相适应的税收政策。支持在雄安新区设立住宅政策性金融机构，探索住房公积金制度改革。

10.推进社会治理现代化。完善党委领导、政府负责、社会协同、公众参与、法治保障的社会治理体制，形成共建共治共享社会治理格局。推进法治社会建设，努力建设及时、精准、普惠的公共法律服务体系，提升全民法治素养。搭建城市综合管理服务平台，鼓励社会力量参与城市管理，更好发挥社会组织作用，建立公共服务公众全过程参与机制。推进基层管理体制创新，强化党的组织在同级组织中的领导地位，优化政府职能配置，统筹党政机构设置和人力资源配置，推动资源、服务、管理向基层倾斜。推进直接服务民生的公共事业部门改革，探索建立分级社区服务供给网络，加大政府购买服务力度，推进城乡社区服务社会化运作。构建“互联网+政务服务”体系，推动各类政务服务事项“一网通办、一窗核发”，着力打通便民服务“最后一公里”。

11.强化城市安全稳定保障。建立高效联动智能的新型城市综合防灾减灾救灾体系，完善重大安全风险联防联控、监测预警和应急管控处置机制。深入推进立体化、信息化社会治安防控体系建设，完善重大决策社会稳定风险评估机制，率先打造智慧公安。加强安全稳定工作集中统一领导，建立跨部门情报信息工作机制和交流合作机制。

（三）创新公共服务供给机制，提高保障和改善民生水平

坚持以满足人民日益增长的美好生活需要为根本出发点和落脚点，围绕有效吸引北京非首都功能疏解和人口转移，加强雄安新区与北京在教育、医疗卫生、社会保障等领域合作，形成优质高效、保障多元、城乡一体、开放共享的公共服务体系，创造高品质的生产生活环境。

12.推进现代教育体系建设。支持雄安新区引进京津及国内外优质教育资源，教育布局要与城市发展布局和产业布局相匹配，推动雄安新区教育质量逐步达到国内领先水平。引导和支持在京高校、有创新特色的中等职业学校等通过整体搬迁、办分校、联合办学等多种方式向雄安新区疏解转移，支持“双一流”建设高校在雄安新区办学，以新机制、新模式组建雄安大学，统一建设公共服务设施、科研设施、科技创新平台，努力建设世界一流大学和一流学科。建立雄安新区企业举办或参与举办职业教育、高等教育新机制，创建产教融合型城市。

13.创新医疗卫生体系和制度。围绕建设“健康雄安”，优化医疗卫生服务组织和供应模式，建立健全现代医院管理制度，探索建立高度共享、优质高效的整合型医疗卫生服务体系。支持在京医院通过整体搬迁、办分院、联合办医等多种方式向雄安新区疏解转移，允许在京医院在雄安新区设立法人机构。在京医院和雄安新区医院实行双向转诊、检验结果互认和影像资料共享制度，推进执业医师多机构备案，实现医疗人才在北京与雄安新区之间无障碍流动。允许设立外商独资的医疗咨询机构，支持境外医师来雄安新区行医。鼓励社会资本参与提供医疗卫生服务，放宽医疗机构大型设备配置条件，完善政府购买基本公共卫生服务机制。推动健康医疗大数据应用，实现全人群全生命周期的健康管理。

14.推进文化领域改革创新。支持京津优质文化艺术资源向雄安新区疏解，放宽文化市场准入，培养具有雄安特色、中国元素的特色文化底蕴和氛围，培育新时代雄安精神。探索公共文化服务新模式，实行公共图书馆、文化馆总分馆制，建设公共文化服务“云平台”，实现农村、城市社区公共文化服务资源整合和互联互通。健全面向雄安新区基层群众的公共文化设施网络，全面提升公共文化设施免费开放水平，提高基本公共文化服务标准化、均等化水平。开展文化产业创新实验，研究建立推动数字文化产业发展的有效机制，培育各类新型文化业态，推进文化与前沿科技领域融合发展。支持雄安新区建立健全文物保护协调机制，将文物保护措施相关审批权限向雄安新区下放，促进雄安新区与京津冀区域加强文物保护交流合作。

15.完善社会保障和就业创业体系。支持雄安新区创新社会保障政策，推动雄安新区基本公共服务和社会保障水平与京津相衔接。制定适合雄安新区的养老保险缴费政策。引导具备条件的用人单位建立企业年金，鼓励建立个人储蓄性养老保险和商业养老保险，结合个人税收递延型商业养老保险试点实施情况研究制定配套税收政策。完善统一的城乡居民基本医疗保险制度和大病保险制度，推行以按病种付费为主的多元复合式医保支付方式，推进异地就医结算。完善社会保险关系转移接续政策，推动社会保险公共服务平台在雄安新区率先落地，形成以社会保障卡为载体的“一卡通”服务管理模式。建立城乡一体化、均等化的就业制度，更好惠及各类劳动者，实现更高质量、更充分就业。完善创业引导政策，政府补贴职业培训项目全部向具备资质的职业培训机构开放，探索建立支持雄安新区失地农民就业创业新机制。

（四）创新选人用人机制，建设高端人才集聚区

坚持聚天下英才而用之，深入实施人才优先发展战略，建立适应雄安新区开发建设与高质量发展的选人用人机制，建立高层次人才引进与激励政策体系，优化就业创业、成长成才环境，形成具有国际竞争力的人才制度优势。

16.构建灵活高效的用人制度。面向全国选拔优秀人才到雄安新区工作，构建适应雄安新区定位和发展需要的干部人才管理制度，完善考核评价机制，创新激励方式方法，建立雄安新区与北京市、天津市和长三角、珠三角等地区的常态化干部人才交流机制。创新人员编制管理，赋予雄安新区统筹使用各类编制资源的自主权和更大用人自主权。制定实施符合雄安新区发展需求的人才政策，对特殊人才实行特岗特薪。对高校、科研院所、公立医疗机构等公益二类事业单位急需紧缺的高层次

专业技术人才、高技能人才，可采用特设岗位等灵活方式聘用。

17.建立科技人才激励机制。赋予雄安新区科研机构和高校更大的收入分配自主权，建立以增加知识价值为导向的薪酬分配制度。建立健全前沿科技领域人才和团队稳定支持机制，探索在科研经费和科技成果管理等方面实行负面清单制度。建立柔性引才机制，允许高校、科研院所等事业单位及国有企业的科技人才按规定在雄安新区兼职兼薪、按劳取酬。

18.优化境外人才引进和服务管理。建立吸引海外人才回国创新创业服务机制，探索实行更开放的境外人才引进和出入境管理制度，支持雄安新区开展国际人才管理改革试点，为外籍创新创业人员提供更多签证和居留便利，建立外籍高层次人才申请永久居留和工作居留直通车制度。

（五）深化土地和人口管理体制改革，推进城乡统筹发展

坚持保障经济社会发展、保护土地资源、维护群众权益，创建产权明晰、配置有效、节约集约的土地管理和利用体制，创新以服务为导向的人口管理机制，推进城乡统筹发展综合配套改革试验，建设宜居城市、特色小镇、美丽乡村，保障雄安新区城乡居民共享改革发展和现代文明成果。

19.创新土地管理制度。推进“多规合一”，划定并严守生态保护红线、永久基本农田、城镇开发边界三条控制线，研究建立雄安新区空间规划体系，强化国土空间规划对各专项规划的指导约束作用。建立健全程序规范、补偿合理、保障多元的土地征收制度。完善国土空间开发利用差别化准入制度，在雄安新区实行产业准入负面清单管理。建立土地利用全生命周期管理制度。探索建立建设用地多功能复合利用开发模式，研究制定符合雄安新区特点的建设用地标准，建立“人地挂钩”“增存挂钩”机制，将土地节约集约利用水平纳入目标责任考核。

20.深化人口管理服务制度改革。制定有利于承接北京非首都功能疏解的人口迁移政策，建立以居住证为载体的公共服务提供机制，实行积分落户制度。建立科学的人口预测和统计体系，加强雄安新区人口全口径信息化管理，实行新型实有人口登记制度，逐步实现跨部门跨地区人口信息整合共享，推动人口登记与统计工作精准化。建立服务型人口管理新模式，完善基础设施建设、公共服务供给、社会保障服务与雄安新区人口发展的协同匹配机制。根据雄安新区资源环境承载能力和经济社会发展水平，建立行政、法律、市场等多手段结合的人口引导和调控机制。

21.大力实施乡村振兴战略。将美丽乡村建设与特色小城镇发展有机结合起来，

实现差异化特色发展，打造美丽乡村样板。根据雄安新区近远期发展特点，统筹设计城乡融合发展体制机制和政策体系，促进公共服务和基础设施建设均衡配置，创新农村人居环境治理模式。以乡村空间规划为依据，积极开展农村土地综合整治，改善农村生产生活生态环境。支持雄安新区培育新型农业经营主体，创新农业绿色发展体制机制，发展都市型现代高效农业。深化农村土地制度改革，深入推进农村土地征收、集体经营性建设用地入市、宅基地制度改革。深入推进农村集体产权制度改革，允许农民转让土地承包权、宅基地资格权，以集体资产股权入股企业或经济组织，推动资源变资产、资金变股金、农民变股东，建立农民持续稳定的收入增长机制。严禁损害农民合法利益，维护被征地农民权益，完善被征地农民就业、养老保险等社会保障制度。

（六）推进生态文明改革创新，建成绿色发展城市典范

贯彻习近平生态文明思想，践行生态文明理念，实行最严格生态环境保护制度，将雄安新区自然生态优势转化为经济社会发展优势，建设蓝绿交织、水城共融的新时代生态文明典范城市，走出一条人与自然和谐共生的现代化发展道路。

22. 创新生态保护修复治理体系。建立雄安新区及周边区域生态环境协同治理长效机制，推进白洋淀及上下游协同保护和生态整体修复，支持将雄安新区纳入国家山水林田湖草生态保护修复工程试点，支持白洋淀上游开展新建规模化林场试点。构建以白洋淀为主体的自然保护地体系，合理划分白洋淀生态环境治理保护的财政事权和支出责任，统筹各类资金渠道和试点政策，加大对白洋淀生态修复的支持力度。推进白洋淀水安全综合治理，发挥蓄滞洪功能，探索洪水保险制度。健全休养生息制度，实施白洋淀流域污染综合治理示范工程和水生生物资源养护工程。探索在全国率先建立移动源污染物低排放控制区。

23. 推进资源节约集约利用。创新体制推进资源全面节约和循环利用，实现生产和生活系统循环链接。建立资源环境承载能力监测预警长效机制，实施最严格的水资源管理制度，实行能源、水资源消费总量和强度“双控”，开展地热等地质资源综合利用示范。开展自然资源资产产权制度试点，建立健全权责明确的自然资源资产产权体系，实施自然资源统一确权登记。建立具有国际先进水平的生活垃圾强制分类制度，探索和推广先进的城市资源循环利用模式，率先建成“无废城市”。将雄安新区植树造林纳入国家储备林，建设全国森林城市示范区，创建国际湿地城市。

24. 完善市场化生态保护机制。构建市场导向的绿色技术创新体系，建立符合雄

安新区功能定位和发展实际的资源环境价格机制、多样化生态补偿制度和淀区生态搬迁补偿机制，全面推行生态环境损害赔偿制度，探索企业环境风险评级制度。积极创新绿色金融产品和服务，支持设立雄安绿色金融产品交易中心，研究推行环境污染责任保险等绿色金融制度，发展生态环境类金融衍生品。

25.创新生态文明体制机制。推进雄安新区国家生态文明试验区建设，依托国土空间基础信息平台，构建智能化资源环境监测网络系统和区域智慧资源环境监管体系，实行自然资源与环境统一监管。构建流域管理与区域管理相结合的水管理体制，在雄安新区强化水资源统一管理。建立绿色生态城区指标体系，为全国绿色城市发展建设提供示范引领。开展生态文明建设目标评价考核，探索将资源消耗、环境损害、生态破坏计入发展成本，实施生态环境损害责任终身追究制度。健全环保信用评价、信息强制性披露、严惩重罚等制度。

（七）扩大对内对外开放，构筑开放发展新高地

坚持全方位对外开放，支持雄安新区积极融入“一带一路”建设，以开放促发展、以合作促协同，着力发展贸易新业态新模式，加快培育合作和竞争新优势，构筑我国对外合作新平台，打造层次更高、领域更广、辐射更强的开放型经济新高地。

26.加强引智引技引资并举。支持引入国际国内各类资本参与雄安新区建设，充分保护投资者合法权益。加强供应链创新和应用，开展服务贸易创新发展试点，支持设立跨境电商综合试验区。建设面向全球的数字化贸易平台，便利跨境支付结算。支持在雄安新区设立外商独资或中外合资金融机构，在符合条件的情况下尽快放宽或取消股比限制。允许设立专业从事境外股权投资的项目公司，支持符合条件的投资者设立境外股权投资基金。创新本外币账户管理模式，允许跨国公司总部在雄安新区开展本外币资金集中运营。

27.建立扩大开放新机制。营造法治化、国际化、便利化市场环境，实施外资准入前国民待遇加负面清单管理模式，建立与国际投资贸易通行规则相衔接的制度体系，构建公平竞争制度。支持在雄安新区设立国际性仲裁、认证、鉴定权威机构，探索建立商事纠纷多元解决机制。雄安新区涉及企业生产经营的财政、科技、金融等支持政策同等适用内外资企业。拓宽中外金融市场合作领域，金融领域负面清单以外事项实行内外资统一管理。放宽外汇资金进出管制，促进雄安新区投融资汇兑便利化，稳步推进人民币资本项目可兑换。对标国际先进水平建设国际贸易“单一窗口”，推进雄安新区“智慧海关”建设，探索建立海关特殊监管区域。

28.深化区域交流合作。研究制定促进雄安新区与北京、天津、石家庄、保定等城市合理分工、协同发展的政策措施。在具备条件的情况下，支持雄安新区优势产业向周边地区拓展形成产业集群，发挥对周边地区创新发展和就业创业的辐射带动作用。按照网络化布局、智能化管理、一体化服务的要求，推动雄安新区及周边交通基础设施互联互通，强化协同发展基础保障。支持雄安新区与长三角、珠三角等地区在制造业、科研、金融、互联网、文化和旅游等方面加强合作交流。鼓励开放型平台、“一带一路”建设相关国际合作平台优先在雄安新区布局，推动与相关国家和地区开展更加务实高效的合作。

（八）深化财税金融体制改革，创新投融资模式

加快建立有利于创新驱动发展、生态环境保护、公共服务质量提升的现代财税制度，建设现代金融体系，为雄安新区经济社会发展提供有力支撑。

29.加大财政支持力度。加大起步建设阶段中央财政转移支付和河北省省级财政支持力度，保障雄安新区运转，逐步实现雄安新区财政自求平衡。统筹安排其他转移支付，用于雄安新区基础设施建设和维护、产业基金注资、地方政府债务利息支出等方面，以及对雄安新区及周边地区交通、水利、科技创新、生态保护修复和公共服务等领域予以支持。

30.推进税收政策创新。加强北京市企业向雄安新区搬迁的税收政策引导，推动符合雄安新区功能定位的北京市高新技术企业加快转移迁入。对需要分步实施或开展试点的税收政策，凡符合雄安新区实际情况和功能定位的，支持在雄安新区优先实施或试点。

31.多渠道筹措资金。加大对雄安新区直接融资支持力度，建立长期稳定的建设资金筹措机制。在保持政府债务风险总体可控、坚决遏制地方政府隐性债务增量的前提下，加大对地方政府债券发行的支持力度，单独核定雄安新区债券额度，支持发行10年期及以上的雄安新区建设一般债和专项债。支持中国雄安集团有限公司提高市场化融资能力，规范运用社会化、市场化方式筹资，严禁金融机构违规向雄安新区提供融资。优先支持符合条件的雄安新区企业发行上市、并购重组、股权转让、债券发行、资产证券化。支持在雄安新区探索推广知识产权证券化等新型金融产品。鼓励保险公司根据需要创新开发保险产品，推进京津冀地区的保险公司跨区域经营备案管理试点。

32.有序推动金融资源集聚。吸引在京民营金融企业到雄安新区发展。支持设立

雄安银行，加大对雄安新区重大工程项目和疏解到雄安新区的企业单位支持力度。研究建立金融资产交易平台等金融基础设施，筹建雄安股权交易所，支持股权众筹融资等创新业务先行先试。有序推进金融科技领域前沿性研究成果在雄安新区率先落地，建设高标准、高技术含量的雄安金融科技中心。鼓励银行业金融机构加强与外部投资机构合作，在雄安新区开展相关业务。支持建立资本市场学院（雄安），培养高素质金融人才。研究在雄安新区设立人民银行机构，推进综合性、功能性金融监管体制改革，探索建立符合国际规则的金融监管框架，加强本外币协同监管，实现雄安新区所有金融活动监管全覆盖，牢牢守住不发生系统性、区域性金融风险底线。

（九）完善治理体制机制，打造服务型政府

坚持人民主体地位，深入推进政府治理体系和治理能力现代化，深化简政放权、放管结合、优化服务改革，加快转变政府职能，优化雄安新区机构设置和职能配置，建设让人民满意、让群众放心、运行高效的新时代服务型政府。

33.科学设置雄安新区管理机构。按照优化、协同、高效的原则优化雄安新区行政管理机构，逐步赋予雄安新区省级经济社会管理权限。完善大部门制运行模式，雄安新区党工委和管委会可根据建设需要按程序调整内设机构，宜大则大、宜小则小。逐步理顺雄安新区与托管的雄县、容城、安新三县及周边区域的关系，实行扁平化管理。推动雄安新区逐步从新区管理体制过渡到城市管理体制。

34.推动行政管理体制创新。中央和国家机关有关部委、河北省政府根据雄安新区不同阶段的建设任务和承接能力，适时向雄安新区下放工程建设、市场准入、社会管理等方面的审批和行政许可事项。健全重大行政决策程序，推进法治政府建设，推行党政机关法律顾问和公职律师制度，提升政府依法行政能力。赋予雄安新区地方标准制定权限，构建适合雄安新区高标准建设、高质量发展的标准体系。全面推行清单管理制度，制定实施权力责任清单和市场准入负面清单，并根据实际需要实行动态调整。深化商事制度改革，持续推进“证照分离”“多证合一”，推动“照后减证”。推进投融资体制改革，在雄安新区开展工程建设项目审批制度改革试点，探索实行行政审批告知承诺制，推行容缺受理承诺。

35.构建事中事后监管体系。完善行业监管制度和资格审查制度，建立协同监管机制，推动智能监管全覆盖，健全第三方机构和社会力量参与监管的制度。开展综合行政执法体制改革试点，清理规范行政执法事项，全面实施“双随机、一公开”

监管。深化分类综合执法改革，推动执法力量下沉，探索实行城市管理非现场执法。强化市场主体责任，扩大市场主体社会责任报告制度和责任追溯制度覆盖范围。完善社会信用体系和商务诚信体系，探索建立覆盖所有机构和个人的诚信账户，实行信用风险分类监管，建立完善守信联合激励和失信联合惩戒机制。

三、保障措施

（一）全面加强党的领导

坚持党对一切工作的领导，以党的政治建设为统领，全面推进党的政治建设、思想建设、组织建设、作风建设、纪律建设，把制度建设贯穿其中，深入推进反腐败斗争，不断提高党的建设质量。用习近平新时代中国特色社会主义思想武装党员干部，严格遵守政治纪律和政治规矩，在政治立场、政治方向、政治原则、政治道路上同以习近平同志为核心的党中央保持高度一致。加强雄安新区各级党组织和领导班子建设，以提升组织力为重点，突出政治功能，健全基层组织，优化组织设置，新区开发建设到哪里，党的组织就建到哪里，实现党的组织和工作全覆盖，充分发挥基层党组织战斗堡垒作用和党员先锋模范作用。坚持党管干部原则，坚持德才兼备、以德为先、任人唯贤，坚持正确选人用人导向，突出政治标准，注重培养专业能力、专业精神，建设一支政治过硬、改革意识强、能力水平高、敢闯敢干的高素质专业化干部队伍。完善干部考核评价机制，建立激励机制和容错纠错机制，宽容干部在工作中特别是改革创新中的失误，旗帜鲜明为敢于担当的干部撑腰鼓劲。切实加强党风廉政建设，持之以恒正风肃纪，完善不敢腐、不能腐、不想腐的制度机制，建设“廉洁雄安”。加强对权力运行的制约和监督，把权力关进制度的笼子，建立与雄安新区体制机制创新相适应的巡视巡察制度，深入推进监察体制改革，强化监督执纪问责和监督调查处置，营造风清气正良好环境。

（二）完善实施机制

按照党中央、国务院决策部署，京津冀协同发展领导小组加强对雄安新区改革开放工作的统筹指导，河北省委和省政府切实履行主体责任，雄安新区党工委和管委会承担雄安新区改革开放工作任务具体落实责任，并赋予其更大的自主发展、自主改革和自主创新的管理权限。各有关方面要按照职责分工，分领域分阶段逐项制定支持雄安新区改革开放的实施方案，作为本指导意见的配套文件，明确具体任务措施和时间表、路线图、责任分工，成熟一项推出一项，成熟一批推出一批。积极探索与行政体制改革相适应的司法体制改革，全面落实司法责任制。强化改革措施的法治保障，本指导意见提出的各项改革开放举措，凡涉及调整现行法律或行政法规的，按法定程序经全国人大或国务院统一授权后实施。

（三）狠抓督促落实

在京津冀协同发展领导小组的直接领导下，领导小组办公室加强综合协调和督促检查，密切跟踪了解雄安新区改革开放工作推进情况和实施效果，适时组织开展评估，及时协调解决遇到的困难和问题，重大事项及时向党中央和国务院报告。雄安新区要结合不同发展阶段和实际需要，放开手脚，大胆尝试，确保各项改革举措有效实施。各有关方面要及时总结提炼好的政策措施和做法，形成可复制可推广可操作的经验，在京津冀地区乃至全国范围内推广，发挥示范带动作用。

（四）加强协调配合

加强各领域政策措施之间的统筹协调和综合配套，建立多地区多部门信息沟通共享和协同推进机制，增强工作的系统性、整体性、协同性。河北省要全力支持雄安新区改革开放各项工作，积极主动与中央和国家机关有关部委、北京市、天津市等加强沟通衔接。中央和国家机关有关部委要牢固树立大局意识，积极作为、通力合作，在政策安排和举措落地等方面加强指导支持。北京市、天津市要积极主动对接和支持雄安新区改革开放各项工作。

（新华社北京2019年1月24日电）

国务院办公厅关于支持国家级新区深化改革创新加快推动高质量发展的指导意见

（国办发〔2019〕58号）

各省、自治区、直辖市人民政府，国务院各部委、各直属机构：

国家级新区（以下简称新区）是承担国家重大发展和改革开放战略任务的综合功能平台。自上世纪90年代以来，新区建设发展取得了显著成效，但也不同程度地面临规划建设不够集约节约、主导产业优势不够突出、管理体制机制不够健全、改革创新和全方位开放不够深化等问题。为促进新区加大创新创业力度，加强改革系统集成，扩大高水平开放，打造实体经济发展高地，引领高质量发展，经国务院同意，现提出以下意见。

一、总体要求

（一）指导思想。以习近平新时代中国特色社会主义思想为指导，全面贯彻党的十九大和十九届二中、三中、四中全会精神，坚持稳中求进工作总基调，坚持新发展理念，坚持以供给侧结构性改革为主线，突出高起点规划、高标准建设、高水平开放、高质量发展，用改革的办法和市场化、法治化的手段，大力培育新动能、激发新活力、塑造新优势，努力成为高质量发展引领区、改革开放新高地、城市建设新标杆。

（二）基本原则。

——实体为本，持续增强竞争优势。把推动制造业高质量发展放在突出位置，深化供给侧结构性改革，对接国际标准，适应发展趋势，遵循市场化原则，科学培育并紧紧围绕主导产业，突破一批关键核心技术，培育新业态新模式，促进新旧动能顺畅转换，做实做强做优实体经济。

——刀刃向内，加快完善体制机制。坚持向改革创新要动力，赋予新区更大改革自主权，发挥综合功能平台优势，加强改革系统集成探索，巩固在解决体制性障碍、机制性梗阻和强化政策性创新等方面取得的改革成果，注重各项改革协调推进、相得益彰，推动制度优势转化为治理效能。

——主动对标，全面提升开放水平。支持新区率先复制自贸试验区改革开放经验，对接国际先进规则，深度参与全球产业分工，在更深层次、更宽领域，以更大力度推进全方位高水平开放，不断提升国际市场影响力和竞争力。

——尊重规律，合理把握开发节奏。保持历史耐心和战略定力，高质量高标准推动新区规划建设。准确定位、突出优势和特色，处理好有所为与有所不为、先为与后为、快为与慢为的关系，尊重城市发展规律，合理把握开发节奏，促进绿色低碳发展，坚决防止盲目建设和无序扩张。

二、着力提升关键领域科技创新能力

（三）打造若干竞争力强的创新平台。深入实施创新驱动发展战略，促进科技与经济深度融合，重大科技创新和大众创业万众创新相互推动。高水平建设上海张江综合性国家科学中心、天津国家自主创新示范区，进一步释放天津滨海—中关村科技园、成都科学城等创新平台活力。鼓励高校、科研院所优先在新区设立科研中心、研发机构等，国家重大战略项目、科技创新—2030重大项目等优先在有条件的新区布局，鼓励建设主导产业协同创新公共服务平台和工程数据中心，建设国家大科学装置和国家科技创新基地。鼓励由优秀创新型企业牵头，与高校、科研院所和产业链上下游企业联合组建创新共同体，建设制造业创新中心，围绕优势产业、主导产业，瞄准国际前沿技术强化攻关，力争在重大“卡脖子”技术和产品上取得突破。

（四）完善创新激励和成果保护机制。健全科技成果转化激励机制和运行机制，支持新区科研机构开展赋予科研人员职务科技成果所有权或长期使用权试点，落实以增加知识价值为导向的分配政策，自主开展人才引进和职称评审。健全知识产权创造、运用、管理、保护机制，加强知识产权保护、运营服务、维权援助、仲裁等工作力量，鼓励和支持企业运用知识产权参与市场竞争，打造一批拥有知名品牌和核心知识产权的优势企业。

（五）积极吸纳和集聚创新要素。支持新区探索更加开放便利的海外科技人才引进和服务管理机制，建设海外人才离岸创新创业基地。允许高校、科研院所和国有企业的科技人才按规定在新区兼职兼薪、按劳取酬。支持有条件的新区开展优化非标准就业形式下劳动用工服务试点。充分利用首台（套）重大技术装备示范应用等政策措施，通过政府采购等方式，促进重大创新成果市场化应用和规模化推广。鼓励省级层面对新区创新平台基础设施建设、实验设备购置等予以补助，加大投入力度。鼓励创投、风投和各类产业投资基金加大对新区企业“双创”支持力度。

三、加快推动实体经济高质量发展

（六）做精做强主导产业。引导新区大力改造提升传统产业，培育壮大优质企业，加快引进先进制造业企业和产业链龙头企业。深入实施新一轮重大技术改造升级工程，完善企业技改服务体系，支持制造业企业运用新技术新工艺新材料新模式，加速向智能、绿色、服务型制造转型升级，推动制造业迈向中高端。瞄准产业链关键环节和突出短板，实施先进制造业集群培育行动，推动制造业强链补链固链，打造更强创新力、更高附加值的产业链。实施现代服务业优化升级行动，推动先进制造业和现代服务业深度融合发展。鼓励金融机构按照市场化原则，增加对新区制造业企业的中长期贷款和信用贷款投放规模。

（七）培育新产业新业态新模式。支持新区加快发展战略性新兴产业，培育发展一批特色产业集群，提高专业化和创新发展水平，培育一批具有全球竞争力的“瞪羚”企业、新领军者企业、专精特新“小巨人”企业和细分领域“单项冠军”企业。加快推动区块链技术和产业创新发展，探索“区块链+”模式，促进区块链和实体经济深度融合。

（八）精准引进建设一批重大产业项目。支持具备条件的新区建设制造业高质量发展国家级示范区、新型工业化产业示范基地，有针对性地引导外资项目和国家重大产业项目优先在新区布局。推动中西部和东北地区新区与东部地区建立精准承接制造业产业转移长效机制，探索完善地区间投入共担、利益共享、经济统计分成等跨区域合作机制，采取共建园区等形式深化产业合作。

四、持续增创体制机制新优势

（九）优化管理运营机制。优化新区管委会机构设置，健全法治化管理机制，科学确定管理权责，进一步理顺与所在行政区域以及区域内各类园区、功能区的关系。允许相关省（区、市）按规定赋予新区相应的地市级经济社会管理权限，下放部分省级经济管理权限。研究推动有条件的新区按程序开展行政区划调整，促进功能区与行政区协调发展、融合发展。创新完善新区管理机构选人用人和绩效激励机制，经批准可实施聘任制、绩效考核制，允许实行兼职兼薪、年薪制、协议工资制等薪酬制度。

（十）打造一流营商环境。复制借鉴京沪两地优化营商环境先进改革举措，进一步转变政府管理理念和方式，在深化“放管服”改革方面走在前列。开展体现新区特点的营商环境评价，下硬功夫打造好发展软环境。持续深化商事制度改革，大幅压缩企业开办时间。开展“证照分离”改革，重点是“照后减证”，对确需保留的工业产品生产许可开展“先证后核”等改革。提升“互联网+政务服务”水平，强化省级层面对相关数据交换和数据服务的支撑，推动将具备条件的政务服务事项全面纳入全国一体化在线政务服务平台办理。健全制度化监管规则，实施以“双随机、一公开”监管为基本手段、以重点监管为补充、以信用监管为基础的新型监管机制，完善与创新创业相适应的包容审慎监管方式。

五、推动全方位高水平对外开放

（十一）进一步增强国际竞争力。引导新区企业树立精益管理理念，推广先进生产管理模式，对接国际通行经贸规则、高端标准和品质要求，提升企业核心竞争力。支持新区建设国际合作园区，鼓励采取“一园多区”等模式，承接重大外资项目，积极引进跨国公司地区总部和研发、财务、采购、结算等功能性机构。支持有条件的新区开展资本项目收入结汇支付便利化试点。鼓励新区共同搭建招商平台，开展联合招商，形成规模效应，提高引资水平。

（十二）提升投资贸易便利化水平。鼓励新区在政府职能转变、投资贸易便利化等重点领域加大改革力度，充分发挥引领示范作用。支持新区结合实际按程序复制推广自贸试验区改革创新经验。支持在确有发展需要、符合条件的新区设立综合保税区，建设外贸转型升级基地和外贸公共服务平台，推进关税保证保险改革。推动国际货运班列通关一体化，在有效监管、风险可控的前提下，研究依托内陆国家物流枢纽实行启运港退税的可行性。支持新区发展跨境电子商务，复制推广成熟经验做法。

六、高标准推进建设管理

（十三）加强规划统领与约束。推动各新区尊重科学、尊重规律、着眼长远，高质量编制发展规划。严控开发强度，实施建设用地总量和强度双控，注重规划留白留绿。建立新区各类规划统筹协调机制，强化规划实施相关保障措施，实现“多规合一”，实行网格化、信息化和精细化管理，确保规划严肃性、权威性，一张蓝图干到底。

（十四）探索高品质城市治理方式。深入推进智慧城市建设，提升城市精细化管理水平。优化主城区与新区功能布局，推动新区有序承接主城区部分功能。提高新区基础设施和公共服务设施建设水平，增强教育、医疗、文化等配套功能，率先全面执行绿色建筑标准，推进海绵城市建设，把宜居、绿色、便利等理念体现到规划建设的各个细节，创造体现品质和文化底蕴的生产生活环境。坚持房子是用来住的、不是用来炒的定位，落实职住平衡要求，严禁大规模无序房地产开发，支持合理自住需求，坚决遏制投机炒房行为。支持有条件的新区创新生态环境管理制度，推动开展气候投融资工作，提高生态环境质量。

（十五）创新土地集约利用方式。坚决落实节约集约用地政策，强化开发强度、投资强度、产出强度、人均用地指标等要求。建立“人地挂钩”“增存挂钩”机制，鼓励探索土地利用全生命周期管理制度。有关省（区、市）在安排年度新增建设用地等指标时，要充分考虑和保障新区重大项目用地需求，支持符合条件的重大建设项目纳入耕地占补平衡国家统筹。在坚持和完善工业用地招标拍卖挂牌出让制度的基础上，创新“标准地”出让、弹性出让、先租后让等工业用地配置方式。因城施策调整用地功能分区，适度增加混合用地供给。

七、组织实施

（十六）落实主体责任。有关省（区、市）人民政府要加强组织领导，明确工作责任，狠抓任务落实，加大力度支持新区高质量发展相关工作。在确定本省（区、市）年度财政预算支持规模时，要充分考虑国家级新区承担重大改革发展任务需要，强化财力支持保障。各新区要发挥主体作用，主动作为、锐意创新，完成好重大改革创新任务，探索可复制可推广的经验做法。要建立健全激励机制和容错纠错机制，培养担当敬业、干事创新的干部队伍。

（十七）加强指导支持。坚持和加强党的全面领导，把党的领导贯穿于新区建设发展全过程。有关部门要按照职能分工，在规划编制、政策实施、项目布局、资金安排、体制创新、试点示范、扩大开放等方面对新区予以积极支持。在有效防控风险的前提下，加大地方政府专项债券对新区建设发展的支持力度。国家发展改革委要会同有关方面强化统筹指导，建立健全统计体系，完善监测评估办法，加强动态跟踪和科学评估，协调解决新区遇到的困难和问题。重大事项及时向国务院请示报告。

国家级新区2020年重点任务

（发改办地区〔2020〕237号）

2020年抓好国家级新区发展各项工作，要以习近平新时代中国特色社会主义思想为指导，认真贯彻中央经济工作会议精神，扎实落实《关于支持国家级新区深化改革创新加快推动高质量发展的指导意见》(以下简称《意见》)，完善体制机制，加快动力转换，着力做好“六稳”工作，促进新区经济平稳健康发展。

一、统筹推进疫情应对和经济社会秩序恢复

1.建立国家级新区应对疫情工作沟通机制，加大对新区疫情防控、企业复工复产、经济社会秩序恢复等工作协调，研究提出有关政策措施。

2.完善相关举措，精准有序扎实推动复工复产，加强企业运营全链条服务保障，实现人财物有序流动、产供销有机衔接、内外贸有效贯通，把疫情造成的损失降到最低限度。

3.加快推动国家规划已明确的重大工程和基础设施建设，抓好标志性外资项目落地。健全重大项目、重大工程清单管理制度，加强项目储备，做深项目前期，创新投融资服务，积极扩大有效投资。

4.支持国家级新区建立健全重特大疫情等突发公共安全事件应对机制，增强应急处置能力，提升应急保障能力和水平。

5.及时总结疫情防控期间暴露的问题和短板，纳入国家级新区年度工作任务，逐项推进落实。

二、着力提升关键领域科技创新能力

6.研究谋划张江综合性国家科学中心“十四五”规划，建设一批国家重大科技基础设施和重点项目，深化重点领域改革创新。推进天津滨海等国家自主创新示范区、湖南湘江等全国双创示范基地、南京江北国家集成电路设计服务等产业创新中心、重庆两江新区国家数字经济创新发展试验区等创新平台建设。

7.支持高校在国家级新区建设科研平台、基地等，支持并鼓励有条件的高校通过关键核心技术集成攻关大平台等，联合产业链上下游企业加快关键领域核心技术攻关。

8.鼓励优秀创新型企业牵头，与高校、科研院所等联合创建国家制造业创新中心、国家技术创新中心等。

9.指导新区所在地区进一步下放职称评审权，支持新区科研机构自主开展职称评审。

10.完善新区的知识产权体制机制，优化知识产权服务体系，开展优势示范企业培育工作，推动新区知识产权高质量发展。

11.支持国家级新区积极开展政策创新探索，建立更加开放便利的海外科技人才引进和服务管理机制。

12.实施高新技术企业倍增计划，创造条件集聚一批高新技术企业，支持新区高新技术企业提升竞争力。

三、加快推动实体经济高质量发展

13.推进上海浦东、天津滨海、四川天府、哈尔滨等新区国家战略性新兴产业集群发展工程建设，支持探索开展产业集群领军企业培育工程，推动建设集研究开发、检验检测、推广、创业孵化等功能于一体的产业集群公共服务综合体。在条件成熟地区探索设立战略性新兴产业金融实验基地。

14.指导新区加大技术改造工作力度，开展传统产业改造升级试点示范，鼓励出台支持技术改造的政策措施。支持推进国家新型工业化产业示范基地建设提升，实施先进制造业集群发展专项行动，培育一批有竞争力的先进制造业集群。

15.创新招商引资方式，瞄准新区主导产业、产业链关键环节等精准引进一批重大产业项目，加强用工、用地、用能等要素保障，优化政务服务，创造条件推动签约项目尽快开工、有序推进。加快推动先进制造业和现代服务业深度融合发展，探索“区块链+”产业发展模式。

16.推动中西部和东北地区国家级新区与东部地区建立精准承接制造业产业转移长效机制。支持完善基础设施，提升公共服务水平，优化营商环境，精准承接产业转移。

17.鼓励金融机构按照市场化、法治化原则，为新区制造业企业提供中长期贷款和信用贷款支持。

四、持续增创体制机制新优势

18.优化新区管理运营体制机制，研究推进部分新区深化管理体制改革创新。

19.研究赋予有条件的国家级新区行政区划代码，用于行政许可审批、信息系统建设、数据信息统计等领域。研究有条件的国家级新区按程序开展行政区划调整问题。

20.全面深入推进“双随机、一公开”监管，大力推进部门联合监管，实现“进一次门、查多项事”。拓展“多报合一”工作领域，分类推进国家级新区市场主体年报。进一步推广企业开办全程网上办，着力提升企业开办的规范化、制度化、信息化水平。推进“证照分离”改革全覆盖。

21.推广电子证照、电子印章应用，加大政务资源共享力度，进一步提升国家级新区“互联网+政务服务”“互联网+监管”能力和水平。

22.完善营商环境评价指标体系和评价机制，研究国家级新区开展营商环境评价问题。

23.研究健全国家级新区统计体系，加强动态跟踪和科学评估。

五、推动全方位高水平对外开放

24.加快自贸试验区改革创新试点，总结形成一批高质量的试点经验，有序做好复制推广工作。指导河北雄安、重庆两江等新区深化服务贸易创新发展试点，支持符合条件的国家级新区申报新一轮试点。

25.支持确有发展需要、符合条件的国家级新区设立综合保税区。支持设立陕西西咸空港综合保税区。研究依托内陆国家物流枢纽实行启运港退税的可能性。

26.总结推广浦东开发开放30周年改革探索经验，提出探索更深层次、更宽领域、更大力度的全方位高水平开放的具体措施。

27.推动重庆两江、四川天府新区加强协作联动，提升开放水平，更好地服务成渝地区双城经济圈建设。规划建设好四川天府新区，深化践行新发展理念的公园城市探索，建设内陆开放经济高地。

28.指导重庆两江新区打造中欧中小企业合作区，建设西部对欧合作新平台。

29.指导国家级新区联合举办招商推介活动，共同打造招商引资平台。

30.支持优化外商投资环境，促进有条件的国家级新区承接重大外资项目。

六、高标准推进建设管理

31.高标准、高质量启动国家级新区“十四五”规划和各专项规划编制工作。

32.指导有关省（市）在编制空间规划过程中，优化国家级新区用地结构和功能布局，提升基础设施和公共服务设施配套水平。推动“人地挂钩”“增存挂钩”和补充耕地国家统筹等政策实施，加强国家级新区用地保障。

33.指导天津滨海新区中新天津生态城等开展CIM（城市信息模型）平台建设，搭建智慧城市基础性平台。

34.坚持房子是用来住的、不是用来炒的定位，落实职住平衡要求，保持房地产市场平稳健康发展。

35.指导国家级新区率先执行2019版《绿色建筑评价标准》，立足地方实际推进海绵城市建设，创新提升城市精细化管理水平。

36.启动气候投融资地方试点工作，鼓励支持有条件的国家级新区开展气候投融资实践。

各新区要发挥主体作用，健全工作机制，建立重大项目、重点改革任务清单，创新思路方法，细化具体措施，明确时间表、路线图，确保实施有力。新区所在省（市）发展改革委要加强组织领导，明确工作责任，及时协调解决新区发展中遇到的困难和问题，在确定本省（市）年度财政预算支持规模时，要充分考虑国家级新区承担重大改革发展任务需要，强化支持保障。有关部门要按照职责分工，加大指导支持力度，确保各项政策落实到位。我委将会同有关方面加强统筹指导、动态跟踪和科学评估，调动各方面力量，共同推动《意见》实施，重大事项及时向国务院请示报告。

有关省（市）出台的政策文件目录

序号	新区	文件名称	出台机构	时间
1	上海浦东新区	《关于支持浦东新区改革开放再出发实现新时代高质量发展的若干意见》	上海市委、市政府	2019 年 6 月
2	上海浦东新区	《关于促进和保障浦东新区改革开放再出发实现新时代高质量发展的决定》	上海市人大常委会	2019 年 7 月
3	天津滨海新区	《加快推进新时代滨海新区高质量发展的意见》	天津市委、市政府	2019 年 1 月
4	天津滨海新区	《关于促进和保障新时代滨海新区高质量发展的决定》	天津市人大常委会	2019 年 9 月
5	贵州贵安新区	《关于支持贵安新区高质量发展的意见》	贵州省委、省政府	2020 年 2 月
6	四川天府新区	《关于加快天府新区高质量发展的意见》	四川省委、省政府	2019 年 5 月
7	哈尔滨新区	《关于支持哈尔滨新区改革创新促进高质量发展的意见》	黑龙江省委、省政府	2019 年 1 月
8	哈尔滨新区	《黑龙江省哈尔滨新区条例》	黑龙江省人大常委会	2019 年 12 月
9	江西赣江新区	《关于完善赣江新区管理体制的实施方案》	江西省委、省政府	2019 年 5 月

部分新区出台的文件目录

序号	新区名称	文件名称
1	上海浦东新区	《浦东新区率先打响“上海服务”品牌专项行动方案》
		《浦东新区教育对外开放三年行动计划（2019—2021 年）》
		《关于全区各级人大代表积极参与垃圾分类的倡议书》
		《上海市生活垃圾管理条例》
		《致全区人民群众关于开展扫黑除恶专项斗争的一封公开信》
		《浦东新区人民代表大会常务委员会关于进一步优化营商环境提升在线政务服务水平的决定》
		《浦东新区人民代表大会常务委员会关于进一步优化营商环境探索“一业一证”改革的决定》
		《关于建设人工智能上海高地构建一流创新生态行动方案》
		上海银行出台《自贸新片区综合金融服务方案》
		《贯彻落实市委市政府〈关于支持浦东新区改革开放再出发实现新时代高质量发展的若干意见〉》
		《关于协助上海金融法院办理上市公司股票司法强制执行的备忘录》
		《中国（上海）自由贸易试验区临港新片区产业地图》
		《浦东新区推进学区与集团化办学实施方案》
		《浦东新区小微企业增信基金管理办法》
2	兰州新区	《关于进一步加强金融服务支持实体经济发展的实施意见（试行）》
		《甘肃省兰州新区建设绿色金融改革创新试验区总体方案》
3	陕西西咸新区	《西咸新区智慧城市建设三年行动计划（2019—2021 年）》

续表

序号	新区名称	文件名称
4	贵州贵安新区	《贵安新区“建城市、聚人气、广招商、招大商”若干支持措施（试行）》
		《贵安新区全面开展工程建设项目审批制度改革工作实施方案》
		《贵安新区市场主体注册登记“三无”微信全程电子化改革试点方案》
5	大连金普新区	《中国（辽宁）自由贸易试验区大连片区推进国资国企深化改革专项工作方案》
		《金普新区支持制造业产业协作配套实施办法（试行）》
		《食品经营类主题式服务规范》
		《主体资格行政确认规范》
		辽宁自贸试验区大连片区正式推出《食品经营类主题式服务规范》
6	四川天府新区	《四川天府新区成都直管区加快数字经济高质量发展若干政策》
		《全面推进“二次创业”五年行动方案》
		《天府英才计划实施办法》《天府英才计划考核办法》
		《天府新区 5G 产业顶层规划》
		《网络视听产业发展规划》
		《天府新区推进软件和信息化服务业发展的工作方案》
		《提升成都科学城综合配套功能三年行动计划》
		《关于进一步优化民营企业服务的十条措施》
		《深入推进审批服务便民化实施方案》
		《深化“证照通”改革工作方案》
		《天府新区三年攻坚行动计划》

续表

序号	新区名称	文件名称
7	湖南湘江新区	《湖南湘江新区建设单位信用信息管理办法（试行）》
		《湖南湘江新区涉企问题快办服务机制》和《湖南湘江新区涉企问题快办服务流程图》
8	江北新区	《江北新区开展“证照分离”改革试点实施方案》
		《南京江北新区深化创新名城先导区建设提升创新首位度实施方案》
9	云南滇中新区	《产业人才引进 1+X 实施办法（试行）》《“候鸟人才”实施办法（试行）》
10	哈尔滨新区	《哈尔滨新区基础设施建设三年行动计划》
		《关于哈尔滨新区行政管理有关事项的决定》
		《哈尔滨市松北区自然资源局规划许可承诺制实施细则（试行）》
		《哈尔滨新区工业区控线规划》
11	江西赣江新区	《赣江新区直管区概念规划》
12	河北雄安新区	《雄安新区地震专项规划》
		《雄安新区规划技术指南》
		《雄安新区集体土地征收补偿安置办法》
		《关于进一步做好雄安新区征迁安置工作的实施方案》